U0336899

瞪羚图书
Gazelle Book

电商布局
运营 实战
手册

孙清华　著

机械工业出版社
CHINA MACHINE PRESS

电商运营该如何选择优势赛道？如何呈现有特色的产品视觉？如何精准提炼产品卖点？如何设计持续激励员工产生自驱力的方案？如何利用流量偏好打造流量爆款？如何利用高价模型给产品精准定价？多种平台，多样打法，如何进行跨平台联动营销？

本书从创业者的角度出发，探索了精益创业、运营管理、流量爆款、价格战、品牌塑造、实战演练6个方面，以及优势策略、定位分析、产品选品、产品营销、产品创新、流量增长、定价策略、品牌圈层、视觉符号等46个模块，全方位、多角度地展示了新电商运营的实战方法，帮助广大电商创业者打造具有持续爆发力的电商品牌。本书可作为电商运营人员、管理人员的参考书。

图书在版编目（CIP）数据

电商布局运营实战手册／孙清华著. — 北京：机械工业出版社，2023. 12（2024. 4 重印）
ISBN 978 - 7 - 111 - 74601 - 0

Ⅰ. ①电… Ⅱ. ①孙… Ⅲ. ①电子商务-运营管理-手册 Ⅳ. ①F713. 365. 1-62

中国国家版本馆 CIP 数据核字（2024）第 000188 号

机械工业出版社（北京市百万庄大街22 号 邮政编码100037）
策划编辑：曹雅君　　　　　　　　责任编辑：曹雅君　赵晓峰
责任校对：肖　琳　陈　越　　责任印制：邮　敏
三河市宏达印刷有限公司印刷
2024 年4 月第1 版第2 次印刷
170mm×230mm · 14. 75 印张 · 1 插页 · 187 千字
标准书号：ISBN 978 - 7 - 111 - 74601 - 0
定价：68. 00 元

电话服务　　　　　　　　　　　网络服务
客服电话：010 - 88361066　　　　机 工 官 网：www. cmpbook. com
　　　　　010 - 88379833　　　　机 工 官 博：weibo. com/cmp1952
　　　　　010 - 68326294　　　　金 书 网：www. golden-book. com
封底无防伪标均为盗版　　　　　机工教育服务网：www. cmpedu. com

前　言

电商行业的快速发展推动了全球的经济发展。到 2021 年，全球电子商务销售额达到 4.9 万亿美元。在未来，这个数字还将不断增长。电商行业的发展带动了相关产业的发展，如物流、金融、计算机软件等。此外，电商行业还提供了大量的就业机会，为全球经济增长做出了巨大贡献。

在科学技术与经济的双向驱动下，新电商应运而生。本书正是在这一环境下产生的，旨在为希望在电商领域取得成功的企业和个人提供实用的指导和建议。

相较于传统电商，新电商是指基于互联网、移动网络等技术手段，以去中心化、个性化、社交化、智能化等特点为核心的电子商务新形态。

去中心化。新电商打破了传统电商平台的信息不对称现象，通过社交媒体、直播、短视频等新兴渠道，实现了信息的去中心化传播。消费者不再只是被动地接受信息，而是可以通过互动、分享等方式参与其中，形成了一种全新的社交方式。

个性化。新电商利用大数据、人工智能等技术手段，对用户进行个性化推荐和服务。消费者可以随时随地通过智能算法享受到定制化的产品推荐、价格优惠、营销信息等服务，更加符合个人需求和消费习惯。

社交化。社交平台成为新电商营销的重要渠道。消费者可以在社交媒体上发现产品、了解品牌故事、分享购买经历等，形成了一种全新的社交消费模式。企业也可以通过社交媒体与消费者进行互动，提高品牌知名度和用户黏性。

智能化。新电商利用人工智能、物联网等技术，实现了从产品推荐、交易流程、物流配送到售后服务等全流程的智能化管理。这种智能化不仅提高了运营效率，也让消费者可以更加便捷地完成交易，提升了用户体验。

全书共分6篇，共计46个小节，以飨读者。

第一篇精益创业。详细地介绍了创业者的定位分析、赛道选择、平台选择、产品选品、项目评估等方法，能帮助读者（尤其是初创业者）更好地理解电商创业的基础知识和底层逻辑。

第二篇运营管理。通过对产品营销、产品促销、产品创新、短视频与直播、后台与售后等主题的阐述，帮助读者更好地搭建自己的运营团队和完善运营思路。

第三篇流量爆款。通过对各大电商平台的流量管理逻辑的阐述，帮助读者更轻松地抓住流量红利，找准爆款模型，实现精准出圈。

第四篇价格战。从定价策略、高价逻辑两个着力点，让读者理解高客单价的重要性。

第五篇品牌塑造。从用户价值、产品价值、平台效应、品牌圈层、视觉符号、品牌舆情等角度，帮助读者全面、立体地塑造强有力的品牌。

第六篇实战演练。通过对各大电商平台运营方式的介绍，帮助读者借鉴成功者经验，打开运营思路。

在撰写本书的过程中，我参考了大量的文献和资料，结合了多年的电商实践经验和成功案例，力求将复杂的概念和方法用通俗易懂的语言表述出来，让读者能够迅速理解和掌握。

　　这本书的出版，也离不开许多专业人士的支持和帮助。同时也感谢我的家人，他们给我提供了很多支持和帮助。

　　最后，希望本书能为新电商的从业者和爱好者提供有益的帮助和指导。同时，也期待广大读者能够结合自身实践，总结出一套适合自己的电商运营策略。

　　在这个充满机遇和挑战的新电商时代，让我们一起努力，共同书写电商行业的辉煌篇章！

孙清华

目 录

前 言

盈利
方式

优势
策略

　　生活中我们总听到这样一句老生常谈："选择大于努力"。人们常用这句话来验证人生道路选择的重要性。其实这句话在电商赛道的选择上也同样适用：如果选对了赛道，得来的结果比选错赛道后加倍努力还要丰厚。

　　为什么这样说呢？假设行业最优秀的运营、最出色的美工、最机敏的客服聚集在一起，组建了一支最具奋斗精神的电商团队，然而我们选择的赛道却是卖铁锹这种小品类，就算我们的团队非常努力，其结果也可能是因为利润微薄而没赚到钱。反之，如果我们在食品、女装、化妆品等比较大的品类市场中选一个比较好的赛道，即便是一个细分的赛道，都可能探囊取"金"，赚到很多钱。所以，赛道的选择是很重要的。

产品
选品

第一篇

精益创业

定位
分析

优势策略

正在创业的朋友一定有这样的疑问：既然赛道的选择如此重要，那应该如何选择赛道呢？

我们在选择合适的赛道之前，首先需要回答一个问题：我们的优势是什么？我们凭什么可以去做这个生意？

回答这个问题之前，我们可以先来看一个案例。

一位东莞地区的学员和我分享他的电商创业计划，下面是我们的对话。

学员：老师，我打算从今年就正式开始做电商了。

我：你的目标是什么呀？

学员：老师，我的目标是童装，今年预估要赚 80 万元。

我：你为什么要选择卖童装呢？

学员：我有一个朋友在东莞开厂，我跟他比较熟悉，拿货也比较方便，所以我就选择做童装……

从对话中可以看出，这位学员答非所问。我的问题是：为什么要选择童装赛道。他回答：在该赛道有个很熟的朋友，选择做童装拿货比较方便。这个回答和他的目标"年赚 80 万元"其实是没有什么关系的。他的电商创业目标是年赚 80 万元，但是为什么要靠童装赚 80 万元？这位学员却没有回答，只是解释了为什么选择童装赛道。

这个案例反映了很多电商创业者的失败路径：创业的开启是偶然的，企业后续的发展是随意的，那么创业亏损也会是必然的。这条路径的产生，大多是因为创业者在电商创业的整个过程中都没有透彻思考："我们的业务到底能不能赚到钱""我们的业务要如何赚到钱"等问题，使得他们的企业最终变成"三赔"型企业：赔钱、赔玩、赔练！

我们要如何避免重蹈这些"三赔"型企业创始人的覆辙呢？这就是本节想要探讨的主题——找准优势！

一般的电商创业者会从以下几项来寻找自身优势：

第一，是否拥有供应链优势，在供应链优势里面，是否拥有成本领先的优势。

第二，是否拥有产品创新研发升级迭代的优势。

第三，是否拥有视觉打造、产品表达、核心卖点突出的优势。

第四，是否拥有品牌加持的优势。

第五，是否拥有高专业、高水准的运营优势。

第六，是否拥有其他同行不具备的资源优势。

笔者把上述优势概括为三个方面，分别是：产品优势、视觉优势、运营优势。那么如何从这三个方面来找到我们的优势呢？

产品优势

产品优势，通俗来讲就是"卖点"。当我们准备上架一款产品，通常需要做各种各样的宣传页、海报、主图、视频……但无论是哪一种呈现方式，里面的内容都会包含产品的卖点，通过这些卖点，来让消费者为我们的产品买单，促成交易。

然而在饱受诟病的同质化产品竞争中，差异化的产品卖点越来越难找到，或者说，产品越来越难做出差异化。在这样的形势下，我们是不是不做这类产品了呢？答案肯定是否定的，成大事者迎难而上，我们不但要勇敢面对这些行业问题，而且要找到快速提炼差异化卖点的方法，或者掌握一套卓有成效的工具。

接下来分享一个实用的提炼卖点的方法。这个方法笔者每年都会在课上给学员分享，深受学员认可。

第一步：分析产品特性，根据特性找卖点

一件产品的生产、销售，往往要经历一个漫长的过程，从创始人的故事到产品构想，从设计雏形到产品迭代，从产品到品牌，从售前到售后，从产品外观到用户心理，从物质外化到精神内涵，从社会地位到个人品位……从多方面、多维度来挖掘产品特性，一下就能找到数十上百个卖点。

第二步：搜索关键词，根据用户找痛点

以淘宝为例，一般关键词可分为产品词、属性词和长尾词。

相对其他词来说，产品词在类目中占据的流量最大，如"耳机""男装""帽子"。这类词概括了很多大的类目，缺点是精准度有所欠缺。

属性词在类目中数量适中，是一类可以可以根据材质、风格、色彩、尺码、季节等多种属性将产品进行分类的词。属性词分类见表 1-1。

表 1-1　属性词分类

属性	属性词
材质	钢、金、银、铜、木质、石质等
风格	古风、法式、韩式、现代等
色彩	红色、橙色、黄色、绿色、蓝色等
尺码	大码、中码、小码、加大、加小等
季节	春季、夏季、秋季、冬季
……	……

和产品词同理，一个类目的属性词涵盖的类型越多，该属性词的整体流量也越多，有些属性词整体的流量甚至远超某些产品词。

长尾词是指由多个关键词共同组合成的关键词，如"毛巾纯棉洗脸家用"。这类关键词就单个而言，流量较低，但是数量丰富，是三种关键词中最多的一种。

利用关键词，我们可以了解用户对于产品真实的需求点，在写卖点文案的时候，就有了目标、方向，能针对性地描述产品在这些方面的优势。

第三步：调研用户评价，根据评价找需求

用户评价是用户和卖家沟通的一扇窗户，很多创业者没有意识到这一点，对于用户评价的处理非常极端，产品好评就默默接受，出现差评就火急火燎地联系用户，希望消除产品的负面评价。殊不知，这样做反而关闭了我们了解用户真实需求的通道，是掩耳盗铃、作茧自缚的行为。

其实，不管好评还是差评（抛开一些极端的情况），都是用户对于产品使用感受的直接反映。要做好一个产品，做好一个品牌，善于倾听用户心声是一个前提。从用户评价中，我们可以了解到用户眼中该产品的价值点，将用户提供的价值点变成产品的卖点，是每个电商创业者应该持续关注的。

综合来说，我们不应该把产品视为一个独立的物品，它们是设计者的思想凝结，是品牌力的承载。它们被放置在包罗万象的平台上进行销售，每一个都有自己的独特基因，这就是它们的卖点，我们要做的就是：发现卖点，写好卖点，让用户买单。

视觉优势

视觉营销起源于二十世纪七八十年代，美国等国家率先在车站等大型物业上投放广告进行产品宣传，吸引大众产生购买意愿。后来，随着电子商务的广泛应用以及"互联网+"的普及，视觉营销开启了新的历史进

程，发展得愈发强盛。

在营销竞争越来越激烈的今天，发掘产品视觉优势，打造产品视觉锤，使产品迅速占领市场，已经成为促成快速交易的一个关键环节。这样一来，如何挖掘和设计产品的视觉形象，也成为营销工作的一个重点。

现今的视觉营销形式多种多样，大体上有空间、平面、传媒、陈列、造型等，电商行业则主要有图片（包括静态图和动态图）和视频（包括长视频和短视频）等。因此，我们可以从如下几个方面来展示产品的视觉形象。

第一方面：图片拍摄

各个平台对于产品图片是有尺寸限制的，因此图片尺寸要尽量控制在建议的范围内，毕竟图片的大小涉及加载时长和用户体验的问题。

首先，产品图的拍摄需要根据店铺、页面、产品等的定位来确定风格，再根据风格来拍摄图片。对于新手来说，最快速的方法就是向竞品或者榜单头部的相关店铺学习，观察和总结优秀者的方法，结合自己的店铺、产品，总结出一套适合自己的方案。

在图片拍摄上，很多人在实际操作的时候总觉得自己的图片和别人的相比"差点意思"，这里的细微差别可能是由布景、拍摄角度、光线等不同造成的，比如一般来说拍摄产品最佳的角度是 15～45 度的仰拍，但有些产品却需要俯拍才能更精准地体现出产品的效果。所以，无论如何，我们要尽可能地根据产品特性来拍摄，让自己的产品做出差异化。

其次，产品图的拍摄要考虑产品的特性。对于面积小的产品，单个拍摄可能会显得产品有些单调，这时候可以考虑多放几个去进行拍摄。此外还可以考虑色彩的搭配，比如一件色彩鲜艳的产品，可以使用暗色调的背景来凸显产品，造成视觉冲击。还可以考虑近景和远景相结合进行展示，比如裤子，近景可以展示工艺细节，远景可以展示丰富的产品款式。

第二方面：展示优势

我们知道，网店不是真实店铺，这一特性决定了网店无法借助实体商品来吸引客户，也无法借助实体商品具备的触感、口感等来引起用户的购买欲。因此，通过美工、排版等技巧，将产品以文字、色彩、图片等形式在主图、背景、首页、详情页等地方展示出来是非常重要的手段，这时就需要考虑页面展示的问题。

我们可以从以下几个方面来打造差异化的产品展示页面。

（1）图片要有针对性。想要打造出高点击率的展示图，首先需要明确了解用户群体的画像，即实际需求，在此基础上安排图片和内容；再根据店铺和产品定位，重点突出产品特色（卖点），让用户一眼就能被激起好奇心，进而产生购买欲。

（2）内容清晰。一件产品上架之后，首先要确保图片、文字本身是清晰的，否则无法实现营销文案的有效传递，买家无法获取想要的信息，就无法实现交易，那我们前面所做的工作都成了无用功。

其次是内容安排的条理性。一方面是内容的逻辑、主次要清楚，我们可以把主要的、凸显特色的内容放在前面，把次要且必须的内容放在后面，这样买家一眼就能看到这件产品的主打卖点。另一方面是排版要清晰，图片、文字的大小，两者的比例等需要做好合理的布局分配。一张内容富有逻辑、排版清晰的海报，能让浏览者快速抓住重点，降低阅读压力，节省浏览时间。不同排版形式的对比如图1-1所示。

（3）展示图背景。买家搜索一件产品的时候，会弹出一连串的相关产品，但人的注意力是有限的，多吸引一份注意力，我们产品的点击率就增加一分。如何让买家一眼就注意到我们的产品，很考验运营者的功夫。一张产品和背景协调、信息明确的主图，相信一定比一张模糊、信息杂乱的图片更具吸引力，它展现出的表现力也是惊人的。比如，某奶制品的主图加入蓝天白云的牧场背景，给人健康自然的感觉，非常符合当下人们对于天然食品、有机健康等方面的追求。

图1-1　不同排版形式的对比

（4）产品详情。前面我们打造的视觉已经足够让买家对产品"一见钟情"，此刻被"颜值"征服的买家正点击并进入产品页面，企图了解更多的"内在"。

所谓"内在"，就是买家关注的价格、质量、性能等，俗称性价比。因此，在做好控价的同时，还需要将客户的需求和产品的优势相结合，瞄准买家需求。当然，如果能有与其他产品相区别的独特优势就更好了。比如，某奶制品拥有独特技术，生产出的奶可以让乳糖不耐受的顾客放心食用，这样的产品就可以大大增加受众，占据一定市场。

（5）服务。在同质化竞争中，同类产品的价格、质量、性能基本上大同小异，想要在众多同行中拔高影响力，还需要依靠服务制胜，因而产品的售前、售中、售后服务也非常重要。很多店铺转介绍和回头客不断，就是依靠服务打响了口碑。

运营优势

电商运营是一个可大可小的概念，往小了说，可以单指店铺、网站的运营；往大了说，它是一个包含团队、店铺、品牌、产品、客户等多方面的综合性运营工作。下面我们逐个分析这些模块。

第一个模块：团队运营

电商行业强调"人""货""场"，把人放在第一位，可见其重要程度。

团队运营中包含的人主要有营销、策划、美工、推广、客服、日常运营等岗位的工作人员。俗话说，打铁还需自身硬。打造一支强有力的运营团队，是将电商事业做大做强的中坚力量。

企业打造团队，既要招对人、用对人，还要重视对团队成员的培训和激励，在提升团队成员素质和能力的同时，不断刺激成员内驱力的增长，这是团队保持强劲战斗力的保证。

第二个模块：店铺运营

店铺形象能够使买家对企业形成初步感知，也在一定程度上反映了一家企业的运营实力。一家运营良好的店铺，关系着其能否取得买家信任，能否和买家建立长久的连接，是企业的无形资产和经济资源。如果店铺形象差，用户评价和信任度低，店铺的成交量也是很受影响的。因此，一定要重视店铺运营和建设。

第三个模块：品牌运营

品牌运营的目的是吸引消费者关注，促进销售并维持品牌形象。品牌往往是质量和安全的代名词，消费者对于品牌产品往往有着天然的信任度，"认牌购买"是普遍的消费心理，而渠道平台又往往对大品牌青睐有加，会给予更多的流量支持。因此，无论是从企业自身发展，还是为了赢得市场等角度来考量，打造强有力的品牌都是不可或缺的一环。

品牌运营首先要做的是明确品牌定位，这是所有运营工作得以展开的关键，品牌有定位，运营就有方向。其次，想要成功打造品牌，还需要进行品牌形象的建设，包括品牌 Logo、品名、口号等。比如，我们看到有缺口的苹果图标，就会很容易联想到 iPhone 手机；看到三叉星的标识，就会很容易想到奔驰汽车。这就是品牌的力量，它能让消费者更容易、准确地找到我们。

第四个模块：产品运营

产品运营，首先要求电商运营人员对产品有足够多的了解，只有充分了解产品的特点，才能根据产品的优势制定合理的营销方案，才能通过竞品分析，找到差异化的卖点。

一般来说，产品运营需要做好产品卖点挖掘、价值塑造、产品体验、销售氛围、产品评价等方面的工作。畅销产品和爆品往往是运营的结果，而不是一味通过低价策略而来的。对于当前的行业发展情况，产品运营的目的是不断提升产品市场占有率，树立某一品类下的专业和权威形象，打造强力品牌，实现"小而美""优而精"的发展。

第五个模块：客户运营

电商的客户运营是以销售为导向的。没有客户，就没有业绩，店铺就无法生存，而一家新店铺想要实现销量增长，就要不断开发新的客户。

在开设店铺前期，获客推广等营销行为的最终目的是赋能销售，因此，打造一个完整高效的获客转化流程，实现精细化运营，是客户运营的重点。下面谈谈具体做法。

（1）明确客户价值。想要运营好客户，首先要对客户的贡献度有足够的认知，很多产品的业绩带动都来自核心客户，他们决定了客户留存、升级转化、以老带新和客户整体的活跃度。其次要努力获得客户的反馈。客户运营需要对客户保持开放的状态，在与客户的密切接触中，及时获取客户对产品的评价和建议，以此确保客户和商家之间的信息互通，让自身的产品优化、迭代升级紧跟市场风向。

接着需要提升客户的参与感，做一个有温度的品牌。提升客户参与感的方式多种多样，从微信等自媒体的后台互动，再到直播平台的实时对话；从产品设计前的客户调研，再到产品售后的客户问卷，等等。

（2）了解客户。在明确客户价值之后，可以对客户进行标签化管理，或者借助大数据算法，结合客户行为和业务数据，将各渠道的数据汇总在一起，从不同维度、颗粒度进行客户分析，了解客户数（使用客户数、注册客户数、活跃客户数、付费客户数、流失客户数）、客户结构（新老客户比例、男女比例、年龄段比例等），借此描画出精准的客户画像。

（3）个性化营销。电商企业掌握客户行为情况和相关数据之后，可以制定精细化营销推送策略，形成产品、技术、服务、行业干货、最新活动等多维内容矩阵，让客户对产品形成从知道、熟悉、信任、购买，再到推荐的全链式周期链接，打造一套流程化的、便于落地的个性服务。

定位分析

我们在前面讲述品牌运营时说，品牌有定位，运营就有方向。如果说品牌定位是从小范围来做定位分析，那么店铺定位分析则更考虑全局。

把定位分析放在第二位来讨论，是因为它非常重要，但又极易被商家忽视。我们聊聊如何给店铺做定位分析。

电商创业者要做好店铺的定位分析，除了明确自身的优势之外，还需要明确以下问题：

1. 我们想要开一个什么类型的店铺？准备从哪个平台开始布局？
2. 我们有什么产品，我们想把我们的产品卖给谁？
3. 我们的店铺选择什么设计风格？
4. 我们即将布局的产品属于哪个类目，同类目有哪些对手？

对于上面几个问题，我们稍作整理，总结为定位分析表，见表2–1。

市场定位

美国著名投资家威廉·欧奈尔曾说："经验显示，市场自己会说话，市场永远是对的，凡是轻视市场能力的人，终究会吃亏的!"创业者入局电商行业，想从激烈的市场竞争中分得一块蛋糕，首先需要重视市场，对市场有足够的了解，善于倾听市场的声音，让市场告诉我们机会在哪里。只有充分

表 2-1　电商定位分析

市场定位	产品定位
根据行业动态，找到流行类目，及时跟进市场行情，捕捉产品优缺点	根据类目确定客群，根据进货成本确定产品的客单价
风格定位	同行分析
根据产品和同行优秀商家来确定店铺的装修风格，包括产品图拍摄、产品页、主图、详情图等的设计风格	电商创业者可以通过找到同类目 TOP 端的竞争对手，学习他们的优点和运营方式，先学习，再赶超

地了解市场，才能紧跟行业风向，抢占先机；才能清楚行业动态，找到类目中比较流行的产品；才能知道市场的行情并捕捉到产品的优缺点，做好产品的设计和营销……总之，了解市场，是电商运营工作的一项基础内容。

了解电商市场，可以从下面几个角度来进行考察：

第一，分析目标市场。考察目标类目的所属市场，对市场的人口、年龄、收入水平、地理位置等进行综合分析。

第二，研究竞争对手。找到目标类目中已知的竞争对手，分析他们的优势和劣势，并做好和他们竞争的计划。

第三，评估实际需求。对自己的产品或服务做好需求评估，如数量、质量、价格等。

第四，分析潜在客户。对目标客户进行分析，包括年龄结构、家庭条件、产品需求、爱好习性等，描绘出完整的客户画像，同时，对他们获取产品信息的渠道也应分析清楚。

第五，评估销售渠道。思考自己将如何把产品销售给潜在客户，包括能使用的销售渠道（线上店铺、电话营销、直销等）和销售策略。

第六，分析市场趋势。对市场需求和发展趋势做出预测。

电商市场是不断更迭且日新月异的。因此，对市场的评估也不是一蹴而就的，它需要我们持续跟进，顺着市场发展的脉搏，不断出招，才能在市场上占据一席之地。

产品定位

我们前面已经对市场进行了详细的分析，接下来就是做好产品定位。产品定位可理解为选品，业内流行一句话：选对了产品，店铺运营就成功了一半。由此可见产品定位的重要性。

做产品定位，一方面是方便我们自己做好产品营销方案，另一方面是为了更好地将产品植入消费者的产品认知。

首先，可以确定自己的产品所属品类，如自己喜欢哪个品类，该品类现在进场还有没有机会，是在红海市场还是蓝海市场。

举一个例子，家用电器就是处于红海市场的产品，大大小小的品牌琳琅满目，品牌垄断比较严重，消费者的产品认知早就被知名品牌占据。那么，创业者就要慎重选择这个赛道。比如，光是炊具品牌，就有爱仕达、苏泊尔、双立人、炊大皇、福腾宝、美的、康巴赫、九阳等知名品牌。

若这个行业已经被知名品牌垄断，在消费者对这些品牌都有很高的认可度情况下，我们再选择一个新品牌进入其中，想要撬动行业缺口，进而占领一部分市场，所要花费的产品、营销等成本要比选择一个相对容易的品类要高得多。

其次，可以通过确定用户画像来对产品进行定位。

所谓用户画像，通俗地讲就是给客户打标签。从个人属性上看，包括客户基本信息，如姓名、性别、年龄、职业、家庭等；从购买行为上看，包括客户的属性或者消费能力，如待开发、新客户、老客户、VIP客户等；从社会角度看，主要是群体属性，包括职员和老板、学生和家长等；从客户地域上看，将客户定位在一线城市，还是二线城市、三线城市；从客户需求角度上看，定位客户的需求主要是在吃、喝、住、行，还是在精神满足、肢体放松等方面。用户画像确定产品定位见表2-2。

表2-2 用户画像确定产品定位

用户属性	属性拆解
个人属性	姓名、性别、年龄、职业、家庭等
购买行为	客户的属性或者消费能力，如待开发、新客户、老客户、VIP客户等
社会角度	群体属性，包括职员和老板、学生和家长等
客户地域	一线城市、二线城市、三线城市、沿海城市、内陆城市
用户需求	物质消费、精神满足、肢体放松等

我们将用户属性进行标签化处理，通过对用户属性的拆解，可以筛选出目标客户的需求，找到他们的痛点所在，以此制定营销方案。用户属性标签化，一方面可以让营销广告的投放更加精准，另一方面，我们可以在此基础上对客户的行为进行跟进、复盘，让下一次营销广告投放取得更好的效果。做好这些，我们的产品在成功概率上就已经领先同类产品了。

最后是产品本身的差异化。

很多电商从业者经常抱怨的一句话是"我们这个行业太'内卷'了"，但实际上，就算是全新的蓝海市场，也不一定能快速占据市场份额；即便是老市场，也还是有人能做出彩、出圈。这就是产品的差异化。

那么，要如何把产品做出差异化呢？我们来看下面这个案例。

网红雪糕钟薛高在2018年成立时，雪糕市场早已品牌林立，伊利、蒙牛、雀巢、梦龙、和路雪等一大批雪糕厂商牢牢占据着市场，是毫无悬念的红海市场。

为了生存下来，钟薛高一开始想走线下市场，但很快遭到各大品牌的经销商的围追堵截。一些冰淇淋巨头的品牌销售员甚至要求经销商，"要是签了钟薛高，别就卖我们的货了""在我们投放了冰柜的地方，不允许投放钟薛高"。身处四川成都和福建泉州的两位经销商，因为在某冰淇淋品牌的定制冰柜中放了钟薛高的产品售卖，一次就被罚款了2万元。⊖

尽管市场的竞争如此激烈，钟薛高这个品牌依然强势地撬动了雪糕市场的杠杆。究其原因，是钟薛高在产品差异化上下足了功夫。

一是独特的造型和材料。钟薛高将产品设计成中国瓦片的形状，"回"字形的花纹，简单的造型却具有很高的辨识度，在和市面上的同类产品做出差异的同时，又给人以亲和力。在材料上，钟薛高的雪糕盒和雪糕棒均采用环保材料，雪糕棒采用秸秆为材料制作，做到了100%可降解。这一做法在当前注重环保的社会背景下，无疑又进一步拉近了与年轻消费群体的距离。此外，钟薛高还和娃哈哈联名出品了一款"未成年雪糕"，将"怀旧"情绪注入其中，唤醒消费者未成年时期记忆中的味道，无疑又进一步抓住了年轻人的味蕾。

二是构建了新的消费场景。钟薛高雪糕棒上的文案给消费者以专属的体验感，如"相敬如冰""烦恼都被吃掉了""保持炙热"等，这些文案和钟薛高的产品定位和用户画像紧紧相扣，使得年轻的消费者在购买雪糕进行消暑的同时，还收获了文字上的惊喜和慰藉，使得"吃雪糕"这一常见行为变成了一种新时尚。

三是非常广泛的营销手段。为了吸引更多的年轻消费者，钟薛高请到了众多流量级明星、网红来进行宣传造势，一时间，小红书、抖音、快手、微信、淘宝等平台都在宣传钟薛高雪糕，吸引了众多年轻的消费群体。

风格定位

在确定市场和产品之后，我们就要考虑店铺装修的问题了。店铺的风格定位，可以从以下几个方面来着手：

⊖ 36氪."行业鲶鱼"钟薛高长成记.

（1）用户画像。店铺无论是市场定位、产品定位，还是风格定位，最终目的都是为了更好地将产品卖到消费者手中，也就是说，这些动作都是为消费者服务的。

通过用户画像来定位店铺，将用户属性进行拆解，针对用户人群的年龄、性别等装修店铺，如前面说的钟薛高将年轻的消费群体确定为自己的用户，因此其在主图、标题、关键词等方面都是在向年轻的用户群体靠拢。

（2）通过主图来传递消费场景。当前，文字、图片、视频等方式是最普遍的传播方式，为了更好地把产品传递给消费者，最好将产品的消费场景也纳入其中。比如，一款手表的受众群体年龄区间为17～23岁，如果将这款手表佩戴的场景定为学校、公园、商场等场地，那么在拍摄产品图片和视频的时候就可以利用这些场景来达到辅助的作用，关键词中也可以将这一年龄段的人群加进来。此外，还可以加入实时的营销活动，比如，买一送一、买二满减等。只要吸引到消费者的点击，就说明我们的主图制作是成功的。

（3）产品卖点。产品卖点的提炼，我们在前面已经详细讲述了，这里讲讲如何运用。

很多人一提到卖点，好像都胸有成竹，但在实际操作的时候，又不知所措，尤其是经验欠缺的电商新创业者。这种情况下，最直接的做法还是借鉴在领域内做得好的店铺。

仍然以钟薛高为例来说明。前面提到钟薛高的用户定位是年轻群体，这个群体对食品的安全性、运输的效率、产品的文化有着独特的追求。因此，钟薛高在其产品的宣传图上就将这类群体关心的信息放在最显眼的位置。比如，简单配料表、融化包退、仅线上渠道有售等信息，向消费者传递了安全、健康、配送效率高、渠道专一等产品特点。

这就是风格定位，在确定风格定位之后，开直通车的效果也能更好。

同行分析

同行分析主要可以通过下面几个维度来进行考察：

（1）竞品分析。对于电商新创业者来说，做好店铺运营最快速的方式就是做竞品分析，通过竞品分析，快速了解行业发展情况，包括市场环境、商家经营状态、产品优化方向、热门的运营方式等；对于已经在电商行业摸爬滚打的老玩家，也可以利用竞品分析为自己的店铺运营提供灵感和决策支撑，让店铺运营更稳定。

做竞品分析，首先需要明确产品分析的目的，找到合适的竞品进行比对，然后进行严谨的分析。通过对优质产品进行比对分析，挖掘卖点，才能更好地抓住消费者的需求，做好店铺建设。其次通过同类店铺的分析，如主打产品的点击量、销量、流量、卖点、布局、优劣势等，有针对性地优化自身产品，然后进行营销推广。

（2）数据分析。如今是数据的时代，各行各业都在利用数据做研发、设计、营销等工作，电商行业更是如此。电商运营者进行数据分析，可以更清楚产品的好坏及用户的喜好，然后利用数据解决产品存在的问题。

电商数据分析可以分为四个模块：对比分析、转化分析、留存分析、产品比价。

模块一：对比分析。对比分析是将几个指标数据进行比较，从数量上展示和说明目标对象的规模大小、水平高低、速度快慢等情况。对比分析可以从时间、空间等几个角度来进行。时间对比，就是目标对象在某个时间段的数据相比另一个时间段的各项数据的变化，如目标店铺这个月比上个月的成交额增长了20%，而竞争对手增长了15%。空间对比，就是将时间段以日、周、月、季度等进一步拆分成更短的时间段，通过数据比对，来观察目标对象的变化。某服装店铺2022年第三、四季度的销售情况见表2-3。

表 2-3　某服装店铺 2022 年第三、四季度的销售情况

时间	7 月	8 月	9 月	10 月	11 月	12 月
销量	152 件	202 件	360 件	571 件	912 件	1207 件

我们在做数据分析时,还需要考虑一些特殊情况,有些是由产品的特殊性导致的,比如上文提到的店铺,第三季度相较第四季度,销量明显萎靡;有些是因大规模的促销活动引起的,如该店铺 11 月、12 月的销量相较前几个月有明显的提升。这两种情况可能是季节转换和双 11、双 12、元旦等活动促销导致的。

模块二:转化分析。转化分析是统计一段时间周期内,完成转化的次数占推广点击次数的比率。通过转化分析优化运营动作,达到提升投放效果的目的。对于运营来说,想要找到更多目标用户,就必须广开源路,选择更多的渠道进行投放。常用的广告投放渠道见表 2-4。

表 2-4　常用的广告投放渠道

渠道类型	渠道名称
搜索引擎竞价	百度、搜狗、360、神马、雅虎等
社交媒体	微信、微博、QQ、陌陌等
视频媒体	爱奇艺、腾讯视频、Bilibili、抖音、快手等
线下媒体	广告牌、户外灯箱、展会、纸质媒体等
其他渠道	手机预装、应用商店等

不同的渠道来源用户的质量也是不同的,这在一定程度上也会影响产品营销上的转化。

模块三:留存分析。留存分析是一种分析用户参与活动情况或者活跃度的分析模型,主要考察一段时间内,触发初始事件的用户中有多少人发生了回访事件。

留存分析是数据分析中的重要一环。在同质化严重的时代,流量十分

重要，提高用户留存率的重要性也不言而喻。

在做用户留存分析时，可以将用户划分为新用户和老用户。新用户的产生，可能是因为活动或者投流带来的，黏性较差。新用户留存率下降的原因多种多样，可能是产品不能快速让他们感受到价值，可能是缺乏简便的引导模块，可能是产品主图效果吸引力不足，等等。老用户留存率下降，可能是因为产品迭代导致体验变差，可能是产品失去新鲜感，可能是用户有了新的平替产品，或者产品未能和用户建立强力黏性，或者产品本身 bug 较多，等等。

模块四：产品比价。产品比价是比较不同产品在价格上的比例关系。现在很多电商公司会挂出"全网最低价"等口号来进行促销，但如何确定自己的产品真的是"全网最低价"呢？这就得益于比价系统——通过抓取各大平台同类产品的价格信息来制定活动的优惠策略。

以上就是电商数据分析的四个模块，通过不同层面的数据分析，运营商可以结合具体场景及时调整运营策略，从而紧跟市场的发展变化。

盈利方式

我们接着谈谈电商行业的盈利方式，即如何赚钱。

自电商行业兴起以来，赚钱的方式有三种：信息差、实力差和认知差。

信息差

所谓信息差，就是信息不对称。具体要怎么理解信息差呢？我们可以来看一个案例。

2019年淘宝平台的流量规则发生了变化，平台由原来的销量驱动模式变成了品牌驱动模式，大品牌更容易获得流量。假如你卖泳镜做到了销量排名第一，而李宁品牌也卖泳镜，并且和你的销售价格差不多，那么平台会把更多的流量给李宁品牌，因为大品牌的销量权重远远大于普通品牌。这样一个重大的调整，导致很多普通卖家虽然销量排名靠前，却无法获得更多的免费流量，因为免费流量都被大品牌拿走了，这个规则意味着淘宝平台的大爆款时代结束了。如果取得了大品牌的代理资格，就有了品牌的赋能，将会获得更多的免费流量。我们的很多学员在了解这一规则之后，积极地成为李宁、特步、361、小米、海尔、公牛等大品牌的代理商，这使得它们在两三年里销售额从几千万元上涨到了几亿元甚至更多。而那些不知道这个变化的电商企业，有不少流量下滑严重，逐步没落或转去其他平台。

利用信息差赚钱的人自古就有，只不过不同的时期，人们对这类人的称呼有所差别。西周时期，人们将利用信息差进行交易的人称为"质人"。汉朝的时候，交易马匹的中间人被称为"驵侩"，驵侩通过拉拢马匹买卖，从中获利，是马匹交易的经纪人。唐朝中期以后，随着贸易的日益活跃，又产生了"牙人"，有些牙人甚至还取得了一定的社会关系和地位。唐朝末年，随着贸易范围的不断扩大，职业分工更加明确，产生了牙嫂、庄宅牙人、牙保等专业经纪人。到了宋代，牙人逐渐形成了组织，有些甚至还可以垄断物价信息，这类组织被称为牙行。牙行需要向政府缴纳税款，缴纳的税款被称作牙税。牙人的称呼一直延续到民国时期。

想要打破信息不对称，提升信息获取的能力，可以从这些方面着手：

（1）可以通过各种工具、网站来获取信息，如各类行业报告的网站。

（2）扩大交际圈，拓展信息获取的渠道和人脉。

（3）做一个 T 型人，在有一技之长的同时，还能向外延伸，学习其他行业的技能；主动学习，不断学习，迭代自己的思维和扩展自己的眼界。

实力差

所谓实力差，就是在竞争力上的差异，表现为我有别人没有，我强别人很弱，我有供应链，别人没有供应链，拼到最后，我就可以将别人击败。所以在电商创业前期，一般都是拿货的贸易商赚钱，而到了后期，商家渐渐打通了上下游，成长为工厂型的企业，拿货的贸易商就很难赚钱了，必须再跑下一个赛道才能赚钱，这就是实力差。

认知差

认知差是对事物的理解偏差，即人们因为环境、经历等差异，对一件事情的理解程度不同，使得人们产生了认知差。比如，有着本科学历的人，去做小学生的题目，通常会比小学生更容易做出来，这就是认知上的降维打击。同理，在电商领域，也存在因为认知差而形成的降维打击：有的商家通过建立品牌和弱品类竞争，如钟薛高；有的商家通过视觉设计和同品类竞争，如小米家电等。

　　每个行业都有佼佼者，而正是这三个因素，才让这些商家成为行业的佼佼者，拉大了和同行的差距。

04

赛道选择

2015 年，有个电商学员来找我咨询。他在卖文胸，对于这个市场中的低价产品，参与竞争的商家特别多，而高价产品几乎由大品牌垄断，所以他在市场中始终找不到突破性的入口。找我咨询时，企业已经陷入了困境，面对很大的库存和资金压力。我们经过对市场赛道的分析发现，没有大品牌专门经营大码文胸这个细分市场，大部分商家销售的都是常规大爆款产品，没有针对这类人群开发相应的产品。鉴于该类市场的产品的款式大多过于陈旧，建议他将常规市场的优秀款式复制到大码文胸上，使大码文胸更时尚。这样的定位使他打开了局面，而后销售额做到了三四亿元。

这个故事对我们电商人有一个非常重要的启示，就是要选择有机会的赛道。在电商行业，机会即发展空间，有发展空间就意味着我们与消费者之间存在信息差，有信息差就意味着事半功倍，意味着行业蓝海。

上一节我们讲到过，所谓信息差，就是信息不对称。例如老张和老刘都想炒股，但老张的朋友是证券经纪人，这名证券经纪人朋友给老张详细分析了股市的走势，还为其推荐了几支潜力股，而老刘没有这样的朋友。这时老张和老刘之间就产生了信息差，老张买的股票就大概率会比老刘买的股票更加赚钱。

也就是说，信息差越大，市场空间越大，反之亦然。比如一次性水杯、菜刀、置物架这类产品，本身的进化空间就非常小，无论在运营上怎么优化，它们都不会有太大改变，因此其客户需求和市场弹性也非常低。客户打开淘宝搜索这些产品，是不会花太多时间浏览十几页链接的，大多数都会直接选择那些口碑好、销量好、有工厂的大企业品牌。如果选择了这条赛道，那么到最后拼的一定不是产品，而是供应链和资金链。

正所谓"电商品类满地转，无用赛道占一半"，那么，面对繁杂的电商品类，我们该如何甄别筛选正确的赛道，做到"人无我有，人有我优"呢？

在这里我们讲一个非常重要的方法——量化分析。量化分析就是数据指标，它是我们评估一个项目的重要依据，也是我们选择产品赛道的关键因素。我们常说电商运营作战前要分三步走：定位、调研和细分。实际上这三个步骤的核心导向都是量化分析，而量化分析又有四个关键的数据指标：搜索/成交指数、指标付费比例、销量排序、价格指数。

搜索/成交指数

这组数据在生意参谋的后台里通过市场分析就能得出。搜索/成交指数是四个指标中最重要的一个数据指标，它能够直观地指出我们和消费者之间的信息差，从而提示我们该品类在未来一段时间内市场的供需情况和市场前景。

例如，一个产品的搜索指数很高而成交指数很低，说明该产品搜索的人多，也就是说关注该产品的人很多，但这些人搜索了很久却没有买，因此成交指数就低。也就是说，这个品类中的产品不能够很好地满足消费者的需求。对于电商来说，这种市场是具有比较大的潜力的，整个业态相对有活力，也就是我们所说的蓝海市场。同样的道理，如果该产品的搜索指数呈上升趋势，而销售该产品的商家占比数量较少，或者商城的商家数量较少，那么就说明整个市场的增长没有带动该行业的产品和商家的增长，这样的市场也是良性市场。

指标付费比例

指标付费比例是指广告费用在整个店铺支出中的占比。如果一家店铺的总投入成本是 100 万元，其中用于广告的费用是 30 万元，那么它的指标付费比例就是 30%。对于店铺运营者来说，这个数值是高一点好，还是低一点好呢？

一句话：中间吃不够，高低两头走。也就是说，这个数值偏高或者偏低都是不错的，反而处于中间就不太有利。

在付费比例很低的情况下，说明该市场大多数商家的广告花费很少，那说明这个市场相对来说比较好做。当然，极端情况除外，比如广告费用是零的产品，全行业都靠刷单做起来，那说明这个市场的产品页面设计一定很低端，并且产品同质化非常严重。这个市场本身就是一个标品，不需要优化视觉，也不需要付费推广，因此其市场竞争的难度系数反而很高，需要投入真金白银才能抢占一定的市场份额，显然这样的市场也并不好做。

反过来，如果付费比例很高，甚至达到 30%~40%，这种市场也是值得关注的。因为即使这么高的付费比例都有人愿意去投入，那说明这个市场的存量和利润是相当可观的，这桩生意一定是有利可图的。

销量排序

我们通过销量排序这项数据，可以看出整个市场的基本容量，从而可以判断出我们产品的市场具体能够做到多大的体量。

一般来讲，我们应该尽量选择容量大的市场，这样我们自己产品的市

场体量就能做得越大。比如在中国市场，我们的产品只要占有率达到 10%
就非常可观了，而如果是在梵蒂冈市场，就算产品占有率达到 90% 也没有
太大的规模，因为市场基本容量太小了。

价格指数

价格指数是指通过分析产品在当前市场上的价格区间，我们才能够给
出合理的定位和定价。

价格指数是产品赛道最直观的选择结果，60 元、80 元的产品和 100
元、200 元的产品赛道是完全不同的。在低价格段位的产品，例如定价 100
元以下的双肩包，我们更多需要思考的是它在一定周期内有多高的点击
量、多高的转化率、多大的动销、需要多少备货等；而针对 100 元以上定
价的双肩包，还有必要分析一下，具体哪个价格区段、哪个关键词搜索的
频率最高，它们的综合排序有多少个？销量排序又有多少个？只有做好价
格分析，我们才能计算出进货成本、动销速度、销售体量、人工支出、备
货仓储等跟运营息息相关的关键数据。

再来回顾一下前面所讲的内容。我们说要正确选择有机会的赛道，需
要分两步走：第一步，通过电商作战地图对产品进行定性分析；第二步，
通过四个关键指标对产品进行量化分析，搜索/成交指数、指标付费比例、
销量排序和价格指数。

对于电商来说，赛道决定成败，选择大于努力。想把电商做好，就一
定要具备电商思维，要全神贯注地关注市场的每一个动向，全力以赴地应
对市场的每一次波动，才能做到真正意义上的"人无我有，人有我优"。

05

平台选择

从 B2B 到 C2M，从产业链到垂直细分，电商领域各种创新模式不断涌现，各种全新概念也被持续引入……毫无疑问，当今的电商行业已进入了后电商时代。作为电商人，尤其是新手，在面对淘宝、京东、唯品会、抖音、快手等各种不同的电商平台时，难免会感到眼花缭乱，无从下手，此时就会产生一个非常重要的问题：到底该选择哪个平台来投放自己的产品呢？

在回答这个问题之前，我们可以根据推广方式和支付方式的不同，对电商平台进行分类：以淘宝、京东、唯品会为代表的 B2C 平台和以拼多多为代表的 C2M 平台，都有自己的支付系统，不需要借助第三方系统就能完成交易，统称为一类电商；以抖音、快手为代表的娱乐化平台，没有自己的支付系统，商品的最终付款必须嫁接第三方平台或通过物流收取，故称为二类电商。接下来，本小节将从入驻条件、产品类目、价格因素、用户人群以及流量红利等几个方面来重点讲述目前国内一些主流电商平台的区别。

入驻条件

不同平台对入驻对象的入驻条件是不一样的。以小红书来说，它要求入驻店铺的注册资本不低于 50 万元，且必须有一年以上经营时间，国内品牌的保证金是 20000 元, 国外品牌的保证金是 3300 美元, 此外还必须提供一些关键性的资料, 如品牌授权书、商标注册证、行业许可证等。天猫的入驻条件不仅需要入驻店铺缴纳基础的店铺保证金, 还对店铺销售额有硬性要求, 如果入驻店铺无法通过当年的审核条件, 还可能会被平台清退。京东的入驻条件相对其他两家来说更高, 平台的管理更规范, 店铺需要投入的成本也相对更高。总体来讲入驻条件因平台而异, 本质相同, 细则不同。

产品类目

同样的产品在不同的平台上, 其竞争程度和市场需求也是不同的。在众多品类中, 服装服饰、美容个护、数码家电及水果生鲜各自有其存在的巨大价值, 对各平台都尤为重要, 堪称电商的基石型品类⊖, 也是各平台未来竞争的重心。典型产品类目对于电商平台的意义和价值见表 5-1。

表 5-1　典型产品类目对于电商平台的意义和价值

评估指标	规模大小	购买频次	品牌效应	重复购买	人群	毛利	增长潜力
美容个护	较大	较高	最高	高	女性为主	高	较大
服装服饰	大	较高	高	高	全人群	较高	较大
水果生鲜	较大	高	低	高	全人群	低	大
数码家电	大	低	一般	低	男性为主	低	一般

其中, 天猫依托淘宝在服装服饰、美妆个护领域的发展基础, 通过引进国内和国际大牌, 迅速建立起在两大领域的竞争优势以及在 B2C 领域的霸主地位。拼多多走的是社群电商路线, 直接对接的是源头制造商和消费者, 产品的低价是这个平台的特性, 因此同质化程度较高的数码电器类产品

⊖　基石型品类: 是指那些能够代表品牌主要业务的基本产品, 并且该产品在市场上有较高的占有率。

是它目前的突破口。对于京东来说，数码家电是其最核心的产品类目，服装服饰、美妆个护领域相对来说则一直都是其软肋。而近些年兴起的抖音、快手电商，由于平台本身的娱乐性及其过高的引流渠道成本，对很多产品类目都有着诸多限制，因此产品类目相对单一，主要集中在快消品上。

价格因素

价格因素是指卖家对产品的定价，以及平台对定价的管控。当卖家做好产品定价、入驻电商平台的选择后，往往还会遇到线上乱价的现象，也就是常说的价格战。此时平台采取的监管措施就显得尤为重要。目前国内电商平台基本上都有相应的价格监管体系，能够严格控制产品的线上价格。以淘宝为例，当卖家遭遇恶意低价竞争时，可以启用知识产权投诉、假货投诉等维权手段，也可以根据链接的一些违规点发起站内投诉，都可以达到强制侵权链接下架的效果。

用户人群

根据易观分析的数据显示，2022 年国内用户数量占比排名前五的电商平台分别是淘宝、天猫、京东、拼多多和抖音。这些用户人群在不同电商平台上的画像是完全不同的。五大电商平台用户人群分析见表 5 - 2，2022年 8 月五大电商平台用户人群分布如图 5 - 1 所示。

首先，按照性别与年龄分布来看，在天猫平台，女性用户数量占比更高；京东则以男性用户为主；拼多多和淘宝相对持平，男性用户数量略低于女性用户；抖音成交用户以男性为主；淘宝、拼多多、抖音的"泛学生群体"占比更高，24 岁以下人群占 20% 左右，而天猫和京东均不超过 14% 。

表5-2 五大电商平台用户人群分析

人群	淘宝	天猫	京东	拼多多	抖音
潮流跟随型	☆☆☆☆☆	☆☆☆☆	☆☆☆☆	☆☆☆	☆☆
价格跟随型	☆☆☆	☆☆	☆☆	☆☆☆☆☆	☆☆
中规中矩型	☆☆☆☆	☆☆☆	☆☆☆	☆☆	☆☆
价格至上型	☆☆	☆	☆	☆☆☆☆☆	☆☆☆
富有成就型	☆☆	☆☆☆☆☆	☆☆☆☆	☆☆	☆
小资享受型	☆☆	☆☆☆☆☆	☆☆☆☆	☆	☆☆
传统完美型	☆☆☆	☆☆☆☆☆	☆☆☆☆	☆	☆
超前消费型	☆☆☆	☆☆☆☆☆	☆☆☆☆	☆☆	☆☆
个性前卫型	☆☆☆	☆☆☆☆☆	☆☆☆☆	☆	☆☆

这五大平台的主力客群均是24~30岁的"职场新人",其中,天猫、拼多多、抖音对该客群依赖度更高;对于31~35岁"职场新贵"和36~40岁的"职场精英",五大平台占比相差不大;而在41岁以上"社会中坚"客群的覆盖上,淘宝、天猫、京东依靠多年积累,占比相对较高,拼多多和抖音仍有一定的渗透空间。

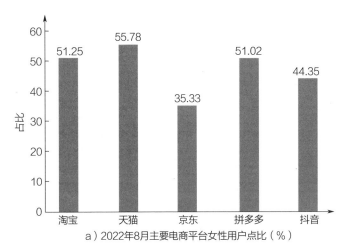

a)2022年8月主要电商平台女性用户点比(%)

图5-1 2022年8月五大电商平台用户人群分布

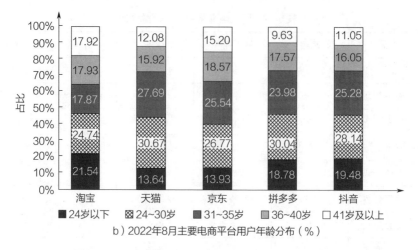

b）2022年8月主要电商平台用户年龄分布（%）

图5-1　2022年8月五大电商平台用户人群分布（续）

　　其次，按照市场层级分布来看，如图5-2所示，拼多多和抖音作为后来者市场，层级分布几乎一致，以新一线和二、三线城市为主，并实现了四、五线城市的充分下沉，但在一线城市渗透率较低；京东则仍以二、三线及以上城市为主，仍有一定下沉空间；天猫和淘宝在各个层级分布都较

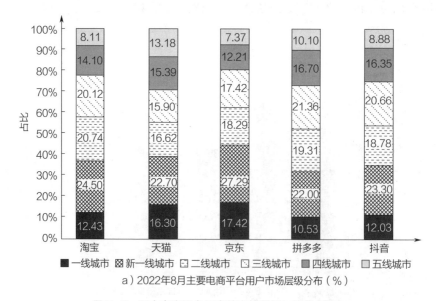

a）2022年8月主要电商平台用户市场层级分布（%）

图5-2　五大电商平台用户的市场层级与消费力分布

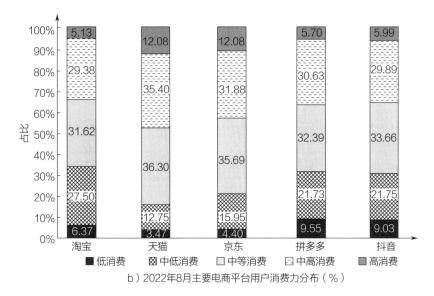

b) 2022年8月主要电商平台用户消费力分布(%)

图5-2　五大电商平台用户的市场层级与消费力分布(续)

为均匀。而从消费力分布情况来看,天猫和京东用户消费力整体偏强,淘宝、拼多多、抖音的用户消费力相对接近,拼多多和抖音存在近10%的低消费力群体。

最后,根据用户日均使用时间的分布来看,抖音作为内容平台和兴趣电商,日均使用时长接近106分钟⊖,因此,对于抖音来说,如何通过直播化、内容化等增加用户停留时间,是未来用户运营实现"精耕细作"的关键;而淘宝、天猫、京东、拼多多等综合电商的用户日均使用时长分别约为26、18、19、25分钟,并且使用时长在1分钟以下的用户占分别高达32%、46%、43%、52%,多数是查看订单物流等短暂停留行为。因此,对于这些综合电商来说,未来或许需要对此进行针对性的用户停留设计。2022年8月五大电商平台用户日平均使用时长、日启动次数及使用时长分布如图5-3所示。

⊖　数据来源:行业报告之家. 2022年中国电商平台市场洞察[EB/OL]. [2023-01-18]. https://www. 163. com/dy/article/HRCLUT9U05526SET. html.

第一篇　精益创业

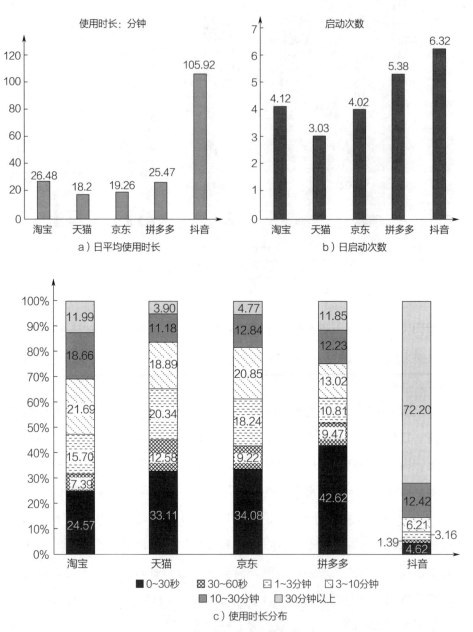

图 5-3　2022 年 8 月五大电商平台用户日平均使用时长、
日启动次数及使用时长分布

流量红利

电商的流量红利期是指在平台的访问流量中，新用户不断增加、用户平均消费额不断提升的过程。

在电商领域流传着这样一句顺口溜："流量本是池中物，想捞先找收费处"。可见，任何电商平台的本质都是贩卖流量。

不过，不同平台的流量分配机制是不一样的。就淘宝而言，作为淘系里的中低用户分流平台，淘宝对于商家的要求相对较低，因此竞争最为激烈，免费流量获取困难，付费流量的争取也是十分困难，必须开通直通车才能得到流量和转化。拼多多则是走低价路线，面向下沉市场的平台，主打的是价格优势，流量红利的扶持对于产品的转化变现作用并不明显。而天猫这种以中高端用户为主打消费对象的平台，流量红利则比较直观，一般来讲，新入驻的店铺都会有三个月左右的流量扶持期。

然而，无论以哪种机制来分配流量，平台总流量是有上限的，在整体流量分配相差不大的情况下，变现转化率越高的商家，未来持续获得的流量就会越大。也就是说，任何一个电商平台，流量分配的核心法则都是流量利用率。

综上所述，我们回到开头说的那个问题：究竟该如何选择电商平台？首先，在有品牌优势和产品实力的情况下，首选天猫店铺和京东，其中数码家电类产品以京东为佳，美妆个护和服装服饰类产品以天猫为优。其次，在预算有限的前提下，优先考虑淘宝，业内常言"选品选得好，下班下得早"，想要玩转淘宝店铺，选品和运营是必备技能。当企业具有一手货源的价格优势时，阿里系的批发、拼多多的零售、抖音与快手的主播带货都是一个很不错的选择；如果卖家具备雄厚的资金实力和高超的引流手段，那么抖音、快手小店就是能够短期内快速转化的最优选择。

产品选品

　　"其实我在电商运营上挺迷茫的，我去了很多地方，听了各种各样的课，可没有一个串起来的，我到底该怎样选择产品，又怎样才能切入市场呢？"这是一位电商新人学员的抱怨，相信也是绝大多数电商新人都会遇到的难题。他们会产生这样的疑惑，很大限度上是因为缺乏正确的选品导向。俗话说"女怕嫁错郎，郎怕入错行"，产品把控是大活、重活，同样也是关键活。

　　那么，电商到底应该怎样选品呢？电商行业有句话：对行选品，对品备货，对货入市。也就是说，在选择产品之前，商家至少需要做好三个方面的工作：寻找优质商品，保证货源充足，了解市场环境。

寻找优质商品

　　"知己知彼，百战不殆"，这对应选品来说，指的就是通过寻找行业内的对标企业和对标单品来挑选出优质商品。一般来说，以年销售上亿元的企业作为对标是比较合适的，因为它的体量足够大，能够保证定价和销量且利润可观，这就说明这个市场能够摊平一家有规模企业的生产成本和经营成本、能满足一家企业的利润需求，选择进入其中是不会遇到特别大的瓶颈的。

接下来还需要了解这个行业的客单价模型的经营状况。对中高客单价的店铺，需要关注这些店铺的体量和利润值，对其产品多加分析，看看成本是否有降低的空间；对低客单价的店铺，需要关注这些店铺的卖点和文案。因为低价市场的竞争一般都比较激烈，而越是在这种价格段，商家们越能发掘不同寻常的竞价手段。也就是说，低价市场代表着市场竞争的最前沿，它的产品迭代速度、文案速度、模仿速度都是最快的，如果能将这些中高客单市场还没来得及出现的文案和卖点适当的腾挪转移，那无异于用好鞍配好马，将进一步增加中高价产品的竞争力。

当我们把市场中的中高客单价和低客单价都全部了解清楚后，就对这个行业产品的竞争态势有了一个清晰的认识。一旦确定了对标单品，也就找到了优质商品。

保证货源充足

对于很多新手电商来说，货源是一个难以解决的究极难题。从哪里寻找货源，如何甄选供应商，何时应该囤货，何时又该清仓……这些都是令人头疼的事，并且一旦遇到大环境变动，这些问题就更加不可控了。

就目前的电商货源来说，无外乎两种渠道：线上和线下。

线上渠道，顾名思义指的是各类垂直批发网站，以及现在已经趋于完善的供应链公司。这种渠道相对来说简单且直接，只需要跟供应商谈好价格，就可以将产品批发回来，并且大多数供应商都会先提供产品的样品。

线下渠道，指的是周边的工厂和批发市场，以及全国各地的行业展会，这需要一定的资金实力进行囤货，但是能够对产品质量有更好的把握。

对于电商来说，实力雄厚的大品牌一般都有固定的供应商和稳定的供应链，而规模比较小的商家一般都是线上、线下货源两手抓。阿里巴巴在

2012年开发出一件代发[○]模式（又叫无货源模式）后，现在电商行业80%以上的新手店铺都是采用这种模式。这种模式最大的好处就是省去了备货的环节，大大降低了商家的成本和风险。但它的缺点也显而易见：供货不及时、容易造成客户流失。所以所谓的无货源，实际上也还是得从根本上保证货源的充足和稳定，这也就是选品的第二步"对品备货"。

了解市场环境

古人说，操千曲而后晓声，观千剑而后识器。这句话用在电商选品上，就是要了解市场环境，做好行业分析。

很多电商朋友在创业初期做行业分析的时候，都会有一种错误的认知，就是把学习目标当成竞争对手。比如说做女鞋领域的，还没有正式切入市场，就想着怎么去和行业排名前三的店铺竞争，这显然是没有了解市场环境的缘故。和我们实力相当的商家才是我们的竞争对手，已经做到行业前端的商家只能是我们的学习目标，它们跟新手已经完全不在一个量级。换句话说，我们要正确地建立自己店铺的竞店模型，这会直接影响我们店铺的生存概率。

通常所谓的竞店模型也叫马斯诺成功模型。马斯诺是美国著名社会心理学家，这个成功模型的大致意思是，如果我们想知道人类运动的极限是什么，不应该去大街上调查普通老百姓，问他们一些类似于平时运动量多大之类的毫无意义的问题，而是需要把全世界所有顶尖的运动员筛选出来，调查他们在各自擅长的项目上的运动极限是什么。如果我们想达到这个运动极限，就去看看他们平时的饮食是什么样的，又是如何训练的，训

电商布局运营实战手册

○ 一件代发：即常说的代销，又叫无货源模式。一件代发是在网上经营货源代理的供应商和需求货源的网店（网站）的供求关系中产生的。通俗地说，一件代发就是即使是一件商品也发货。

练量有多大，训练的技巧是什么，等等，这样我们就能得到误差最小的答案。也就是说，这个成功模型就是研究成功者在做什么，找到成功者的共同规律，进行反复的实验，这样最终我们也会变成一个成功者。

那么，对于电商来说，怎样才能建立自己的成功模型呢？

首先，我们可以从平台上找出十家店铺，分析它们为什么做得好，有没有什么共同点。这个共同点就是其成功模型的核心。接下来仔细分析这些店铺的排兵布阵、定价体系、上新频率、动销能力、选款标准、流量结构等具体问题，再根据分析结果来和自己的店铺一一对照，找出彼此的差距。有了对市场环境的认知，就有了追平别人的核心指向，这就是选品的第三步"对货入市"。

对很多卖家（尤其是小规模商家）来讲，选品的重要性甚至远超资金和运营。在找到优质商品之后，应该确保它的货源供应充足，以及它的行业竞争和市场环境态势都处于良性状态。若盲目地投放，大概率会沦为市场竞争的炮灰。

项目评估

"六个核桃"的前身是1997年成立的河北元源保健品饮料公司，但因经营不善，始终处于亏损状态。2005年，该公司还被挂牌出售。

公司意识到自身没有竞争优势，做了一番详细的市场调查并选择走差异化路线。他们避开承德露露，选择了补脑产品的竞争赛道。这个赛道市场大、价格高，且没有一家明确的、专注的竞争对手。2006年，公司推出了核桃乳产品"六个核桃"。在当年便实现了3000万元的销售业绩，一举扭亏为盈。如今，它已经成为全国知名品牌。

这个案例可以和电商行业里的一个基本认知联系起来，选择能真正拉开商家之间的差距。选择什么样的市场，用什么样的方式，借助什么样的优势，最终就能干成什么样的事情。

我们在前面已经讲过如何选择赛道和电商平台，本节内容再来讲讲如何选择项目。

这里介绍一个项目五角星的评估模式，项目五角星分析罗盘如图7-1所示。一个完整的项目可以用一个五角星来表示，它的五个角代表五个关键的考量因素：体量、利润、对手、优势、灵感。换句话说，通过分析这个五角星模式，就可以对项目做出合理的评估：适不适合做、值不值得做、能不能够做。

图7-1　项目五角星分析罗盘

体量

体量是评估一个电商项目是否值得投入精力的核心。企业终将是要做大的，如果项目的体量太小，很快就会触及行业天花板，那么这个项目大概率就不会有太多的发展空间和市场机遇。

有一个做拉杆箱的卖家，运营团队很用心，老板自己也很努力，但连续好几年业绩都维持在1000万元左右，利润没有增长。后来经过对店铺进行专业评估，发现根本原因就出在体量上。首先，拉杆箱市场分三类：男性市场、女性市场、中性市场，占比分别是30%、20%、50%。这位卖家选择的是市场份额最低的女性拉杆箱市场。其次，从拉杆箱的价格与客户的对应关系上看，200多元到400多元的价格区间是客户占比最多的，但也仅仅只有9%，也就是说400元以上的价格区间里客户占比连9%都不到。这位卖家的产品定位恰恰又是500元以上的高价区间。再次，这位卖家的店铺里一共只有18款产品，品类少，市场少，人群少，时间一长，从手淘首页获取的流量就越来越少，相应的付费成本却越来越高，业绩自然就无法做大。

利润

在电商领域中，产品的利润高低决定了卖家做生意的难易程度。比如，一个产品的利润只有1毛钱，那么要赚100万元，就要成交1000万单；而一个产品的利润有 100 元，那么同样赚 100 万元，只需要成交 1 万单就够了。相比起来，前者在备货、人工、仓储等各个环节花的功夫肯定比后者要多得多。价格越低，利润就越低，意味着备货量越大，库存风险越高，卖家也就越辛苦。高利润的卖家恰好相反，价格越高，竞争对手越少，因此不需要那么多的人工，也不需要备太多货。

对手

做电商一定要选择比自己弱势的竞争对手，这一点非常重要。很多时候，我们做的项目是盈利还是亏损，不仅仅取决于自己，还得看竞争对手的实力如何。如果竞争对手是行业龙头，那无异于找刘翔赛跑或者找泰森打架，会被对方以实力碾压；但如果竞争对手是行业小白，那就相当于降维打击，哪怕本身的运营水平稍弱一点，大概率也是可以轻松取胜的。

优势

所谓优势，是指我们具备，但短期之内竞争对手无法具备的优点。

我曾经给一个卖家做项目评估时，和卖家有过以下对话。

> 我问：我们要做电商，那我们有哪些优势呢？
>
> 他说：我有工厂。
>
> 我问：我们有工厂，别人也有工厂，我们的工厂有什么优势？
>
> 他说：我的工厂做出的货品质量好。
>
> 我又问：我们的工厂做出的货品质量好，别人的货品质量也好，那么我们的生产成本比别人低吗？
>
> 他说：不比别人低，别人工厂的生产成本是多少，我们大概也是多少，低也低不到哪里去。

这位卖家的回答体现了典型的认知误区：有自己的工厂，只是对贸易商来说算是优势，而对电商来说，成本领先和产品研发能力才是真正的优势。换句话说，如果店铺的优势在成本上，可以考虑通过价格战战胜对手；如果优势在品牌上，可以用品牌效应和私域管理战胜对手；如果优势在视觉上，可以通过视觉升级来做高客单价；如果优势在供应链上，可以用物流和仓储来击败对手。简而言之，做哪一盘的生意，就得有哪一行的优势，这就是电商人老生常谈的"何以赚钱，主看优势"。

灵感

什么是灵感呢？当我们出去逛街时，无意中看到一些产品的包装，会立刻联想到自己的产品是否能够进行类似的视觉升级；或者当我们刷手机时，无意中看到一些文章的语句，马上就能用它举一反三，用在自己的产品宣传文案上……简言之，若是脑海中随时一闪而过的思维火花，我们都能够很好地捕捉并加以应用，那就证明我们是有想法、有灵感的，这个产品和这门生意就更适合我们做。

商业经营的本质是利用差异化获取利润，而老板的灵感和想法就是产品差异化的直接源头。电商中有个三特法则：老板特别、团队特殊、在市场上有特大的经营成果。作为团队的领导人，老板必须要有特别的想法，一个特别的老板才能吸引一个特殊的团队，从而形成独特的竞争优势。

因此，由项目五角星的这五个维度也可以引申出电商的五大禁区，也就是常说的"五不做"：利润太低的不做，对手太强的不做，大盘不升的不做，没有优势的不做，没有灵感的不做。把这"五不做"反过来，就是五种可以做的：利润高的可以做，对手弱的可以做，大盘上升的可以做，有优势的可以做，有灵感的可以做。

基本上所有电商的项目评估都可以依照这"五做五不做"的规则，只要熟知这个规则并且能够熟练运用，就能对自己的项目有清晰的认知和准确的判断。

电商布局运营实战手册

产品
创新

产品
营销

第二篇
运营管理

产品营销

营销的目的是快速的裂变，在短期内给店铺找到一个爆发点，打造消费噱头。噱头从哪里来？我们每天都花大量的时间刷手机，看微博、抖音、快手、今日头条……经常关注这些平台的热搜排行榜，我们不难发现，很多热门信息只要稍加改造就可以跟任何产品产生关联。比如2017年电视剧《人民的名义》一度热播，同期的电商平台上就大量涌现出"祁同伟同款衬衫""高育良书记同款茶杯"等爆款商品。当然，两个不同的概念硬凑在一起并不一定有道理，但只要能因此博得大众的眼球，就达到了营销的目的。

从传统的电话营销、客户营销，到现在的直播营销、内容营销……虽然营销的方式越来越千变万化，但其根本套路却是放之四海而皆准的：了解用户画像—明确产品特性—了解营销平台特点—利用价格策略—做好活动策划—定期定向推广。

了解用户画像

用户画像是对真实用户的虚拟化，是建立在一系列真实数据之上的目标用户模型，它的本质是用户特征的"可视化"，是将一类有共同特征的用户聚类分析后得出的，并非针对某个特定个人。

所有电商平台的后台系统都会有用户人群的数据管理，比如淘宝里的

电商布局运营实战手册

"生意参谋"中就有个"买家人群画像"的功能类目，能清晰地看到我们的客户都是什么职业、什么年龄、有什么样的消费习惯和兴趣爱好、分布在哪些地域。某种小家电产品在某平台上的用户年龄分布如图8-1所示，从图中我们可以清晰地看到，该产品的用户多集中在25~35岁，25岁以下的年轻用户和45岁以上的中老年客户相对较少。

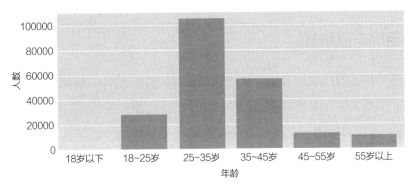

图8-1 用户画像之年龄分布

该产品的用户地域分布如图8-2所示，可以看到北京的用户数量最多，其次是上海和广州。在城市分布方面，北上广深四个超一线城市占据消费用户数量的前四名。

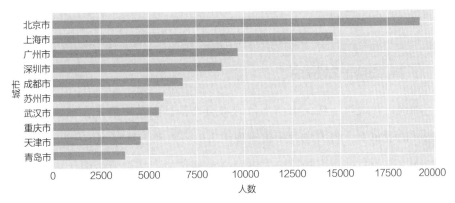

图8-2 用户画像之地域分布

除了年龄和地域，还可以根据用户的婚育情况、受教育程度、评论敏感程度等不同的分类方式来得出不同的人群画像。在综合多个维度对这些用户画像进行分析之后，就能够对这种产品的用户群体有一个立体的认知，可以总结出他们的基本特征并洞察出他们的需求，从而优化完善产品，做到精准运营。

明确产品特性

在分析了用户画像之后，就要明确自己的产品特性，也就是挖掘产品卖点。一般来讲，具备以下三种特性的产品在电商中是最受追捧的：

1）颜值即价值，在外观设计上实现视觉升级的产品。这类产品主打优秀的颜值和较低的尝鲜成本，以超高的性价比吸引被直播和内容营销"种草"的顾客。

2）类快消使用产品。电商平台放大了产品的迭代频率，"爆款思维"影响深远，"爆款营销"大行其道，其中最典型的就是抖音、快手平台上主播带货的零食、小家电、百货用品等。

3）高品牌性能比产品。以升级产品功能来塑造品牌强大的影响力，从而提升产品的性价比。

了解营销平台特点

前面已经说过，任何电商平台的本质都是靠贩卖流量来获取利润。而在同样的逻辑下，各大电商平台呈现出来的特点和态势却并不相同。

淘宝作为目前国内的第一大电商平台，它的产品类目最多，并且以支付宝作为支付手段形成了营销闭环。淘宝的功能主要是为商家提供平台，属于平台型电商，它的缺点是目前某些领域已经落入下风，缺少像微信一样的社交流量入口。

一直以来与淘宝分庭抗礼的京东商城则是以数码家电起家，属于自营型电商平台。京东商城的物流快，产品质量高，售后服务好。在市场定位上，由于京东选择了高端电商领域，自然就放弃了中低端市场，相当一部分中低端产品的消费者会被拒之门外。和淘宝商城相比，京东商城更像是一条龙式的综合渠道，只要有订单，它就能替商家解决物流等后续环节；而淘宝商城则更像是分包分销渠道，电商获得订单后，需要通过自己的物流体系将产品送到消费者手中。

拼多多作为一个面向下沉市场的电商平台，以食品起家，面向的是中低端市场，刚好和京东形成错位。如何丰富电商店铺的种类以及如何走向高端市场是它未来的破局点。

除此之外，其他电商平台例如苏宁易购、抖音、快手等也都各有优缺点，在实战演练篇会专门介绍，此处不再赘述。

利用价格策略

适当的价格策略对产品销量、利润及市场份额等都起着至关重要的作用。以下为目前电商营销中常见的三种价格策略：

1）临界价格：就是在视觉上和感性认识上会让人产生错觉的价格。比如，以100元为界线，那么临界价格就是99元，实际上价格只差了1元，但在消费者心理上形成的感觉却是三位数和两位数的巨大差异。

2）阶梯价格：就是随着时间的推移而发生变化的商品价格。比如第一天七折，第二天八折，第三天九折，第四天恢复原价。这样会给客户一种时间上的紧迫感，促使他们产生购物冲动。

3）降维价格：就是本来产品水准很高，但是却卖出了出人意料的低价。比如优衣库、星巴克、麦当劳等企业都是国际大品牌，但产品的价格定位都是中等偏上，相当于用三流的价格让客户享受到了一流的视觉、一流的产品和一流的服务，无形之中产品的性价比就提高了。

此外，还有超值换购、错觉折扣等，在对用户画像有充分认知的前提下，做出合理的价格决策并不是一件难事。

做好活动策划

活动策划的根本目的是开发新客户，留住老客户。有趣的活动内容是营销活动能够产生有效流量的关键，而要让活动内容变得有趣，就必须做好创意策划。电商在策划活动时，必须对用户人群有深刻了解，并且要熟知投放平台的特点和投放产品的特性。活动时长对投放效果的影响是不一样的，一般来讲，长期活动引流相对稳定，但店铺盈利相对较低；而短期活动给店铺带来的收益较大，但覆盖面不广。

定期定向推广

在投入成本恒定的前提下，无目的的全域推广和定期定向的私域推广，其结果的区别是显而易见的。目前的电商平台的流量已经碎片化了，面对这种不确定的流量，最好的办法就是挖一个客户池，把流量一点点储存进去，就像往鱼塘里面蓄水一样，等水蓄积得差不多了，再把鱼慢慢地放进鱼塘，这样一来就有了自己的客户池。今后无论投放什么诱饵到这个鱼塘里，"鱼"都可能会吃。如果诱饵味道足够好，长期下来，"大鱼"生"小鱼"，鱼塘里的客户就会越来越多。这就相当于把运营推广从钓鱼模式变成了养鱼模式，构建自己的营销体系。

有一个做童鞋的卖家，从来没有花过一分钱做直通车专展，他经营客户的全部工具只有 8 个微信账号，靠着这 8 个微信账号，一年做到了 5000 万元销售额。由此可见，微信群带来的客户黏度和存留价值是非常高的，因为在微信群里面，客户只能看到群主想让他们看到的产品，而在淘宝上，他们会无限度地去做对比。因此，产品营销的核心就是存量思维：定期管理客户、定向推广产品。

产品促销

产品促销是指卖家通过与消费者之间的信息沟通，引发并刺激消费者的消费欲望，使其产生购买行为的活动。常见的电商促销方式有视觉促销、爆款促销、热点促销、组合促销和节假日促销。

视觉促销

良好的视觉促销可以提高客流量和客单价，并塑造独特的店铺形象。电商视觉促销的信息传达主要是通过店铺的定位、店铺的商品风格、商品价格和促销活动的力度来实现的。

电商视觉促销涉及以下四个基本原则：

1）目的性：明确视觉应用的目的，分析目标客户群的需求，最大限度地展现产品特色。

2）统一性：色彩应用的统一，店铺风格与产品风格的统一。

3）审美性：注重视觉感受，寻找视觉规律，把握客户群的审美心理。

4）实用性：了解店铺功能，服务客户需求，兼顾操作方便。

以海报广告为例，海报广告的页面是为了展现新品、爆款和活动，方便客户了解最新的产品和店铺动态，因此海报广告的内容一定要简单明了、直击重点。

爆款促销

所谓爆款，就是短期内带来巨大流量的产品、非精准匹配也能够实现转化的产品。电商界有个说法叫作爆款为王，表达了打造爆款产品的重要性。那么一个完整的爆款打造过程是怎样的呢？

首先是选款和优化，在自己的产品中选出一个主推款，再开始正式推广，一般来说需要分三个阶段来实现：破零、冲量和盈利。破零很好理解，就是达成第一笔成交，冲量就是前期通过高优惠、高佣金的形式吸引推手来帮助推广，而只有到了盈利阶段，爆款打造才算是正式开始。电商平台的第一大流量来源就是搜索，所以在盈利阶段亟待解决的就是通过对选词、筛选人群、分时折扣、制作创意图的每一步精细化操作，来实现爆款的搜索推广。

（1）选词。搜索推广是基于关键词实现的，所以在打造爆款时，选词尤为重要，常用的选词方法有三种，如图9-1所示。

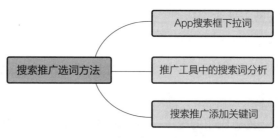

图9-1　常用的三种选词方法

（2）筛选人群。根据目前电商平台的千人千面算法，后台系统会给每一个客户打上不同的人群标签，而通过搜索推广，就可以筛选这类人群进店。不精准的人群即使进店，也很难实现购买，所以精准的人群标签尤为重要。如果店铺原先的转化率还不错，说明原先的店铺人群标签是精准的，这时我们就可以根据原先店铺的人群标签去筛选人群包了；反之，就要对人群进行测试，再通过人群测试的数据去加以优化。拼多多后台的人群标签数据，如图9-2所示。

访客指数排名 ♦	性别	点击转化率 ♦	投入产出比 ♦ 查看趋势
1	女	0.64%	0.79
2	男	1.72%	2.15

访客指数排名 ♦	年龄 ♦	点击转化率 ♦	投入产出比 ♦ 查看趋势
1	18岁以下	0.41%	0.50
2	18~25岁	1.18%	1.56
3	26~35岁	1.74%	1.83

图9-2 拼多多后台的人群标签数据

（3）分时折扣。根据店铺在不同时间段的销量数据，来分别对搜索推广出价。举个例子，如果店铺在19:00—23:00这一时间段的访客、订单都比较多，在23:01—6:00这一时间段访客很少，那就可以提高19:00—23:00这一时段的价格，降低23:01—6:00这一时段的价格，在优势时间段突出产品，获取销量，在劣势时间段降低价格，节约成本。

（4）制作创意图。创意图的打造方式可以参考上文中视觉促销的内容，但要注意的是，虽然主图是通过搜索推广创意图测出来的，但产品的主图与搜索推广的创意图最好不要一致，防止搜索推广的位置与自然排名的位置相冲突。

在以上步骤全部完成后，爆款的搜索推广就基本上做好了，后面要做的就是每天观察数据，及时调整、优化。

热点促销

通常而言，热点促销中的"热点"包括下面四个维度：

1）节日类热点：不同节日都会有不同的特色产品，比如中秋节的月饼。

2）时令类热点：随着季节的更替，人的饮食习惯和生活习惯都会发生相应的变化，比如夏天喝啤酒、吹电风扇，冬天吃火锅、滑雪。

3）创新类热点：年轻人大多喜欢猎奇消费，比如早前的喜茶。

4）店铺时段热点：每个店铺都会有新店期、新品期、会员日、周年庆等特殊时段。

对于电商来说，热点就是卖点，任何时候都要未雨绸缪，每个热点来临之前都要提前做好准备工作：首先，应该提前做好店铺布局，及时更新页面，提高特色产品权重，合理安排推广时段。其次，产品命名要突出当下热点，吸引用户下单，并优化产品布局；还应该提前做好备货，严格把控出品质量。最后，要放大店铺的优惠活动和产品曝光，可以在主页面、海报和付费推广的 Banner 上集中推广。

组合促销

组合促销的本质就是把同类型商品进行组合搭配销售，根据客户已加购物车的产品推荐互补的产品，从而提高销售利润。一般在电商里常见的组合促销有四种方式：

（1）堆积式促销组合。将客户需要的某种产品放在一起，组合出一份定价低廉的套餐，一般是由客户一次性购买，也可以用更具优惠的价格分次购买。比如客户想要购买一台电脑和一台打印机，电脑原价1000元，打印机原价500元，那么卖家就可以1300元的价格出售两款产品组成的套餐，这样客户就相当于得到了200元的优惠。

（2）升级式促销组合。和堆积式促销组合类似，但这种组合更常见于服务和虚拟类产品，比如旅游套餐，里面包括机票、住宿、饮食等。

（3）搭配类促销组合。将卖家拥有的某种产品与正常售卖的产品放在一起，组合出一份定价低廉的套餐。和堆积式促销组合不同的是，这种产品是卖家需要处理的而不是客户需要购买的。这里的处理有可能是指清仓清货，也有可能是新品推广。例如很多服饰店在反季时都会推出加×元换购反季服装的活动。

（4）附件式促销组合。是指由一种产品，再附加一些其他的产品或服务而形成的定价低廉的组合，例如买衣服送腰带或者买制冰机送冰铲等。

节假日促销

在上文的热点促销中，我们提到过节日类热点。同样值得注意的是，节假日促销与一般的促销相比，对卖家来说意义非凡，这是因为假日经济和假日消费正在成为一种普遍现象。

对于电商来说，除了传统的节假日如"五一"、国庆、春节、元旦等，电商自有的特殊节日也不容忽视，例如每年的"双十一"和"双十二"，可以说是目前国内最大规模的电商营销活动，已经成为国内电商的年度盛事，并已逐渐影响到跨境电商。这对卖家来说无疑是巨大的商机和利好。

产品创新

消费升级就是要做中高客单价，要做满足客户更高标准要求的产品，也就是产业理论中常说的产品创新。"问渠哪得清如许，为有源头活水来"，这句话用来描述电商的产品创新是非常合适的。在市场竞争越来越激烈的情况下，产品的优化能最直接有效地体现竞争结果。市场上没有永远畅销的产品，任何产品都有一定的生命周期，因此，产品创新是保持产品生命力和核心竞争力的源泉所在，是一个从无到有、从有到优的迭代过程。随着消费升级的逐步展开，产品创新已成为电商发展的必经之路。作为电商的一项红利，产品创新存在三个主要风口：外观创新、技术创新、寻求差异化。

外观创新

外观创新就是包装升级和颜值升级。新时代的客户更加注重体验感、享受感、分享感、有趣感、互动感，我们的产品是否能让客户愿意去分享和回购？要快速实现这一目标，最简单的方法就是改变产品的外观。包装做得美观，客户在心理上会认为这个产品的品质也比较好。

比如江小白，酒好不好喝暂且不论，但是厂家别出新意地把白酒做成了小瓶装。别的酒是大瓶的它是小瓶的，别的酒是高浓度的它是低浓度的，最引人注目的是在每个瓶子上都写了一些流行语。另外，扫二维码就能够让客户自己写的一段话出现在瓶身上，或者上传照片定制特别场景的酒。仅仅是外观上做了这样的改变，"江小白"就把客户对品酒的需求转移到了对"文化白酒"的需求，很快在白酒市场中有了一席之地。

在电商平台，类似江小白这种有设计感的、外观颜值比较高的产品，通常都能被优先分配到很多平台流量。现在的消费者不再只关注产品的实用性，很多时候还会同时考虑产品的观赏性和趣味性，尤其是90后、00后消费群体。在这样的时代风口下，哪怕一点点产品外观上的创新都有可能引发整个行业的变化。

技术创新

技术创新指的是品质升级和科技升级。当一个产品在市场上获得初步认可后，下一步要思考的就是技术创新了。随着社会的发展，各种与产品相关的技术都在升级迭代，如何把产品与技术结合达到与时俱进，是产品创新的重要课题。技术创新远比开发新产品更难，因为升级后的产品必须显著优于现有产品，同时还要有明显的市场竞争力。

在这一点上做得比较好的企业是小米。小米是一家很有工匠精神的企业，在进入拉杆箱、净化器、音响等短板市场之后，通过标准化的供应链体系，小米将这些原本走低价路线的产品都变成了精品。因此，很多人都特别迷恋小米的这些产品，将自己家打造成"小米之家"的大有人在，小米的技术创新走的就是品质升级的路线。

在今天，我们倡导技术创新的理由是：未来所有的产品都会逐步趋于智能化。比如，在未来，我们可以与净化器聊天，让电饭煲唱歌，向垃圾桶问路……而要做到与平台互联，就需要商家对产品进行微创新，用科技元素来武装产品。

寻求差异化

差异化是同质化的反义词，我们知道，电商的同质化往往代表着竞争激烈，并且很多时候往往是价格战的导火索。反过来，差异化则往往代表着竞争力、性价比。在价格战中，差异化也是构筑行业壁垒、将损失最小化的良策。

如何打造差异化？在电商里有个方法叫作"三五法则"，"三"指的是可以从三个方面进行定位：产品使用环境、产品目标用户群、产品服务和需求。"五"指的是五个寻求差异化的常见维度：视觉感知的不同层级、从视觉感知到体验感知、从体验感知到心理认知、不同认知的形态切换、相同认知的层级切换。我们以卖苹果为例，来讲解一下这五个维度：

第一个维度：你们卖大苹果，我卖红苹果。

大小是一种视觉感知，消费者的普遍心理都是贪大，认为大苹果肉多核小。当有人以"大"为优势卖苹果的时候，很快就会出现一批更大的苹果，这就是羊群效应。而当大苹果已经成为普遍诉求的时候，"大"就不再是差异，此时别人都卖"大苹果"，我却开始卖"红苹果"，这就是由大小诉求转化为颜色诉求，在视觉感知上形成了不同层级的差异化。

第二个维度：你们卖红苹果，我卖甜苹果。

当颜色成为普遍诉求以后，任何颜色都没有差异性可言了。此时所有人都在卖红苹果的时候，我却开始卖甜苹果，这就是由视觉诉求转为体验诉求的差异化。水果最终是要被吃的，第一眼是视觉，但最重要的还是味觉。视觉对于绝大多数品类而言，都只是一块打开消费者心扉的敲门砖。当消费者对产品使用频率增加、产生黏性之后，视觉的感知就会弱化，体验的感知就会增强。

第三个维度：你们卖甜苹果，我卖野生苹果。

当口感成为普遍诉求以后，市场只能容纳少数口感最突出的品牌，若再想以口感为诉求，就必须有新的背书和噱头，例如苹果的产地。所以当别人都卖甜苹果的时候，我卖野生苹果，消费者会觉得好奇：野生苹果是指在山里野生成熟吗？这种苹果味道好吗？也就是说，我卖的野生苹果除了具备体验感知上的"甜"，还能从心理感知上打造出差异化，从而刺激消费者的购买欲望。

第四个维度：你们卖野生苹果，我卖溏心苹果。

当市场无法容纳更多的类似野生苹果标签的时候，再在苹果的生长环境上下功夫，就已经很难制造噱头了。但此时我却开始卖溏心苹果，也就是说把差异化的维度从心理认知再重新切换回了体验感知，进而达到"旧瓶装新酒"的效果。

第五个维度：你们卖溏心苹果，我卖多汁苹果。

根据"羊群效应"，当溏心苹果好卖的时候，很快之前的甜苹果、酸甜苹果等标签又会卷土重来。这个时候我们思考一下，水果的作用在于它的营养价值，而水果的营养价值不仅在于果肉，还在于果汁。以往所有的苹果都是以吃果肉为主，此时我开始主推多汁苹果，意思是我的苹果不仅好吃，还很多汁，这就等于颠覆了人们对苹果的传统印象。溏心和多汁都属于体验感知，这就相当于是同样感知下的不同层级之间的差异化。我们熟知的肛泰"贴肚脐治痔疮"就是利用的这个维度，它从剂型上改变了传统内服、外用痔疮药的形态。

所以说，能熟练应用差异化，就等于掌握了市场发展态势，哪怕我们的企业再小，都可以在市场竞争中脱颖而出。差异化的本质是避免消费者与竞争对手比较，让自己的产品凌驾于品类通行的标准之上，以消费者需求为轴心，用自己的优势建立起一套选择标准。不过我们需要注意的是，离开通行标准和消费需求，差异化就不成立。

总结起来，差异化就是：人无我有，人有我优，人优我新。

11

短视频与直播

从文字到图片，再从图片到视频，是人类获取信息的演进方式。短视频和直播是目前电商最重要的营销手段。短视频时间短，易于传播，加上平台不断优化的技术，在社交网络中的地位也越来越重要，吸引着更多人参与短视频的生产和传播。直播是在现场随着事件的发生、发展进程同步制作和发布信息，具有双向流通过程的网络信息发布方式，更强调与用户的互动性。短视频和直播的传播观看成本很低，并且都能够满足用户的内容消费需求，具有很强的社交属性。

虽然短视频和直播的表现形式有所不同，满足的市场需求也略有差异，但二者的生产和发展领域却是基本一致的。在中国，目前有超过八成的人在生产或消费电商平台上的短视频和直播内容，短视频和直播的影响力已经颠覆了传统生产和消费内容的方式。可以说，目前短视频和直播领域已进入存量时代，短视频和直播运营已成为电商的一门必修课程。那么，如何做好短视频和直播运营呢？我们可以从以下几方面入手：

保持活跃

对于短视频来说，活跃度主要是指评论活跃度和粉丝活跃度，保持定期更新和评论区良性互动是增加粉丝黏性的重要手段；而对于直播来说，活跃度则主要体现在直播过程中主播与观众之间的互动，包括点赞、秒杀、抽奖等环节，以及直播之后的互动维护。

体现中心

对于电商来说，无论是短视频还是直播，其最终目的都是为了带货，所以在选题的时候中心思想一定要明确。常见的选题方法有两种：

（1）从产品本身找选题。我们可以罗列出产品的卖点和价格优势，通过对话或者口播的形式，突出福利价值，引导观众评论或进入直播间，也可以通过直接演示来突出产品的功能特性。比如增高鞋，要展示身高165cm的人穿上可以达到168cm，那么就可以通过让模特现场试穿，来将产品特性直接展示出来。

（2）从用户角度找选题。我们可以展示自己的身份，比如将直播间选在工厂，用户能够看到原材料加工的真实场景，就会相信我们是真正的源头工厂；或者给用户普及专业知识，比如卖猫粮的可以重点讲解一下养猫常见的疑难问题，通过打造专家形象来提升用户的信任度。

当然，对于短视频来说，除了上面两种选题方式，还可以通过剧情演绎来展示产品和输出价值观。

专业客观的讲解能够很好地突出产品的卖点，能够增加可信度和真实感。但需要注意的是，浮夸的广告语是短视频和直播的一大禁忌，比如有一次某个明星在直播护肤品的过程中说有一克拉的钻石被磨成粉添加到了她推销的这款护肤品里，这显然是不太可信的。

跟随热点

短视频和直播的本质目的都是为了引流和转化，而引流最有效的方法就是热点关联。所谓热点，指的是比较受广大群众关注的新闻或信息，或者是某一时期引人注目的地方或问题。一般来说，获取热点的渠道有四个：以微博、知乎、小红书、今日头条为代表的自媒体；以抖音、快手、B站为代表的短视频；以微信公众号为代表的私域；以西瓜助手、清博指数为代表的第三方数据统计。

找到热点之后，就可以将自己的产品跟这些热点进行关联，形成核心话题，一般来说核心话题也可以分为四类：

1）生活类，包括近期的热点社会新闻，比较热播的电视剧或电影，近期生活中的趣事和糗事等。

2）感情类，包括身边的人或自己的感情经历，对人生的某种感悟，或者对某些价值观的共鸣等。

3）兴趣类，包括身边的人或自己的兴趣爱好，以及在此领域内的一些心得体会或者资深建议等。

4）专业类，包括财经、医学、科技、军事等专业领域的学术探讨，以及一些实用知识的科普和普及等。

有了核心话题，就不愁短视频没有看点，也不愁直播会冷场了。需要注意的是，蹭热点也要有原则：不蹭天灾人祸的热点，不评论敏感事件，也不要用低劣的姿态例如卖惨来争取曝光。

制造噱头

在电商运营中，噱头早已不是传统意义上的哗众取宠，而是通过对消费者心理机制做深入分析，挖掘出最容易引起他们好奇和共鸣的事物，并将其与所售产品联系起来营造出话题，从而出奇制胜，达到短期内快速引流的目的。

前文已经说过，短视频和直播运营的本质目的是为了引流和转化。从这个角度来讲，制造噱头无疑是一种极其高效的引流手段，也是一种高明的信息传播方式。一个好的噱头，可以说是直播运营的催化剂，往往可以让直播事半功倍。通常来说，在做短视频或直播运营的时候，有两种素材是比较适合拿来作为噱头的：

（1）热点词汇。热点词汇往往是最直观的能够博关注的东西。比如2016年里约奥运会期间，某位运动员脱口而出的"洪荒之力"，经过她风趣幽默的表达，一度带动了这个词汇的传播，这个词汇也成了风靡一时的热词。对于卖家来说，要想提高产品的影响力和知名度，就一定要在核心话题中植入热点词汇，让这些词汇成为与粉丝互动的标签。

（2）爆炸性新闻。可以用一些爆炸性新闻作为噱头来刺激观众的新鲜感。当然，在直播中抛出的爆炸性信息不一定要真的有多么劲爆，只要是在话题方面令观众感兴趣，吸引大家前来围观，同时在直播的过程中尽量给大家带来一些有用的干货，在很大限度上就能达成引流与转化的目的。

12

后台与售后

在售后过程中，商家、用户、平台各自的关注点是不一样的，用户更加关注时间、费用和纠纷；商家更加关注信誉、费用和销量；平台则更加关注规则、品牌、用户留存和运营成本。售后流程比较烦琐，涉及环节很多，通过本节内容我们一起来看看售后中关注度较高的几个问题。

会员制

会员制是从传统的仓储式超市模式演化过来的以收取会员费为盈利手段的一种电商经营模式。在这种模式下，商品将以平进平出的方式销售给会员。从本质上看，电商会员制是由消费分级带来的服务分级。京东 PLUS 和淘宝 88 VIP 会员权益对比见表 12 – 1。

目前会员制电商正逐渐成为国内电商的主流模式，以京东 PLUS 会员和淘宝的 88 VIP 会员为例，截至 2022 年 7 月，前者的会员数量突破了 3000 万，后者的会员数量也达到了 2500 万。

会员制的优势是显而易见的：对于客户来说，能够得到更优质的商品、更专业的服务包括个性化定制；对于企业来说，也可以实现口碑营销，并充分解决中产阶层消费者信任稀缺的难题。

表 12-1 京东 PLUS 和淘宝 88 VIP 会员权益对比

类别	京东 PLUS 会员	淘宝 88 VIP 会员
服务权益	1. 7 天无理由退换，双向免运费 2. 24 小时专属客服	1. 退货秒退款 2. 24 小时专属管家
购物优惠	日常权益： 1. 10 倍返京东豆 2. 100 元/月全品类优惠券 3. 360 元/年运费券礼包 4. 百万专享低价商品 5. 900＋品牌联盟折上 95 折 每月 8 日 PLUS DAY 购物返 20 倍京豆	日常权益： 1. 10 倍天猫积分 2. 4 张数码电商类购物券 3. 天猫超市、天猫国际、天猫奢品折上 95 折 4. 指定商品 88 VIP 专享价 5. 500 精选品牌折上 95 折 6. 部分显牌下单享加倍赠品
	11.11 专享权益： 1. PLUS 超级补贴：10 月 28 日 20:00 点起，每位京东 PLUS 会员总计可领千元超级补贴，可跨品类使用 2. 11.8 PLUS DAY：0—2 点爆款商品半价秒 专属补贴整点发（0 点、10 点、14 点、18 点、20 点）	11.11 专享权益： 10 月 26 日起，每位 88 VIP 会员可领 900 元大额消费券，直接抵扣现金满减消费券： 满 6800 - 600 满 3800 - 300（11 月 1 日—3 日可使用）

回复话术

在售后环节，店铺的售后人员就是店铺的"代理人"，因此在处理问题时，一定要尽可能听取客户的意见和观察客户的反应，抓住要点，妥善解决客户提出的问题。要牢记电商售后话术的六个原则：

1）耐心多一点。要耐心地倾听客户的抱怨，不要轻易打断客户的叙述，不要批评客户的不足，而是鼓励客户倾诉下去，让他们尽情发泄心中的不满，耐心地听完客户的倾诉与抱怨。

2）态度好一点。俗话说："伸手不打笑脸人"，不友好的态度会直接影响客户的情绪，恶化彼此之间的关系；而诚恳礼貌的态度则会缓和客户的抵触情绪。

3）动作快一点。处理投诉和抱怨的动作要快，一方面可以让客户感觉被尊重，另一方面可以表达我们解决问题的诚意；更进一步，还可以及时防止客户将负面情绪扩大传播，将损失减到最少。

4）语言得体一点。措辞要合情合理，大方得体。例如，售后人员可以将"您听懂了吗?"换成"我说清楚了吗?"，不管客户说的内容对错与否，先不要急着否定对方，可以先表示"嗯，是的，您说的这些情况我们已经充分了解了"或"是的，您的心情我能够理解"……尽量使用较为迂回婉转的话术。

5）补偿多一点。客户在抱怨或投诉之后往往会希望得到补偿，这些补偿有可能会是物质上的要求，也可能会是精神上的要求，售后人员应结合情况分析，恰当地给予客户精神安抚或物质赔偿，客户得到额外的收获就会感受到商家的诚意，从而对商家重新建立起信任。

6）层次高一点。客户提出抱怨或进行投诉之后都希望自己的问题受到重视，如果条件允许，售后人员应尽可能做出承诺，例如这样的回复："您的情况我们的客服已经反馈给我了，我是售后管理部的主管，接下来我将针对您提出的问题和您进行一对一的沟通处理""我们部门对您反馈的问题非常重视，将会安排专门的主管人员和您进一步沟通"等。

评价标准

评价对于一个店铺的发展有很大影响，好的评价有助于提升店铺评分，增强店铺权重。经常在网上购物的人应该都很熟悉，一件商品在确认收货后，客户就可以做出相应的评价，此外还会有一个追评期，比如淘宝是180天。

在评价商品的时候，客户一般会说出自己的购物和使用体验，包括产品质量、卖家态度、物流速度等几个方面。因此，要合理地引导客户好评，可以对产品的品质进行严选把控或升级，也可以多做优惠促销，同时要选择靠谱的物流公司，并做好售后服务和客户管理。

需要注意的是恶意差评的情况，恶意差评一般分为两类：一类是专职恶意差评师，他们会在没有依据的情况下对商品给予差评，以此进行敲诈；另一类是对手的商家请来的专职恶意差评师，这类人主要通过交易的方式帮助无良商家打压竞争对手。当我们的店铺遇到这种情况时，应该尽可能留存证据，尽快让平台介入处理。

退换货、缺货、差价处理

退换货问题是消费者最关心的售后问题，《网络购买商品七日无理由退货暂行办法》发布后，各大电商平台的商品很多都开始标明"七天无理由退货"，有的甚至延长到了 30 天。在不影响二次销售的情况下，绝大多数商品是可以进行退换货的。只是在退换货过程中，消费者大多需要自付运费，部分带有运费险的商品会对退换货运费有所补偿。

极速退款退货是近几年兴起的售后新方式，是电商平台为了提高老用户和资深会员的黏度和回购率的一种创新机制。享有极速退款退货资格的用户，在申请退款后，只要将货物退回并提交退货的物流单号，就会立即得到平台先行垫付的退款。目前天猫、京东、拼多多、唯品会、苏宁易购、抖音、快手等电商平台都为优质、信誉好的会员提供了这项服务。

除了退换货以外，缺货也是不容忽视的一个问题。缺货会影响到订单的正常发货，严重时还可能会被客户差评或投诉，对店铺的销售和声誉造成极大影响。一旦店铺出现商品缺货，商家首先要做的就是更新库存，并及时与客户沟通，尽快退款或者安排换货。在做完这一系列事情后，还要注意今后进行定期盘点和及时补货。

另外，当商品价格发生变化，导致客户支付的价格高于当前商品价格时，就会产生差价。在处理差价问题时，必须要安抚好客户的情绪，并及时采取补偿措施。目前处理差价的普遍方法就是差价退款，包括原路退回钱款，以及用购物红包代偿，前者可以由客户自行在后台申请，更改好退款金额和写好退款理由。

催单与投诉

在所有售后问题中，客户投诉是最难处理的。这个环节往往意味着售后人员及店铺要承受大量来自客户的负面情绪，并且对出货环节的不断复盘和查证纠错也会增加店铺工作量。处理的时候稍有不妥，可能就会成为引爆新一轮纠纷的导火索。目前电商在处理投诉问题时已经越来越效率化和人性化了，总结起来可以说有"三点六步"："三"是指三项原则，客观评价客户、换位思考和损失最小化；"六"则是指六大步骤，少说多听、充分道歉、收集信息、提出解决方案、征询意见、跟踪回访。

目前，全方位购物体验成了消费者关注的新话题，电商行业在经历多次的迭代后，"商品 + 服务"一体化已是大势所趋。如何提升服务体验，将成为未来经济增长与机构升级的新方向。

规则与原则

没有规矩，不成方圆。当今中国乃至世界，网络信息技术和电子商务早已全面融入人们的生产生活，但伴随其蓬勃发展，很多矛盾和问题也逐步凸显出来。因此，我国乃至世界各国都在努力建立和健全相关的法律法规等。

法律规定

现阶段我国涉及电商的立法包括：《中华人民共和国合同法》《中华人民共和国计算机软件保护条例》《中华人民共和国计算机信息系统安全保护条例》《中华人民共和国计算机信息网络国际联网管理暂行规定》《商用密码管理条例》《互联网信息服务管理办法》《中华人民共和国计算机信息网络国际联网管理暂行规定实施办法》《中国互联网络域名注册暂行管理办法》《中国互联网络信息中心域名注册实施细则》等。

从内容上看，这套法律体系的构建分为对信息流的规范、对资金流的规范和对物流的规范。对信息流的规范是立法的重点，此部分涉及电子合同、安全认证、隐私权以及知识产权的保护；对资金流的规范则涉及电子货币、电子支付等法律问题；对物流的规范主要涉及通过在线以数据形式传送的商品或服务。

我国电商法律立法较晚，尚不完善，目前涉及电商的法律法规主要包括市场主体登记、条码标签、个人信息保护、商品质量保障、打击不法等方面内容。电商要时刻注意合法合规，政府也需尽快完善电子商务立法，为电商发展提供有力保障。

平台规则

什么是电商平台规则？

在《京东开放平台总则》中，其平台对"规则"的定义是：展示在京东系统之中，需要商家实时关注的、与商家经营有关的任何规范性文件、通知、指引，包括但不限于营销方案、商家手册、商家后台公告、商家后台帮助中心等。

在《淘宝平台规则总则》中，其平台对"规则"的定义包括三种规则的统称：《淘宝平台规则总则》；针对淘宝平台会员市场管理与违规处理、行业市场管理、营销活动和其他必要事项所制定的有关具体规则规范，包含对具体规则规范进一步细化制定的相应实施细则；以及根据淘宝平台临时性管理需求所发布的临时公告。

在《拼多多用户服务协议》中，其平台对"规则"的定义包括所有拼多多已经发布或将来可能发布、修订的各类规则、规范、规则解读、实施细则、通知、公告等。

综上，从广义的角度来看，平台规则是协调平台、买方、卖方、用户、其他相关者等各方之间的关系，约定了各方权利义务，规范了平台运行秩序，在保障各方利益最大化前提下，实现平台上共生共赢的一系列规则、规范的统称。从狭义的定义来看，平台规则主要是平台对平台商家应履行的基本义务或平台为了规范商家而行使的基本权利的内容。从平台规则与约束对象的关系来看，主要有两种类型较为常见，一种是平台与用户达成的服务协议，另一种是平台与商家达成的管控规则，如商家入驻规则规定了关于供应商、服务商等准入及退出的内容。从规则的形式上看，主要有规范性文件、平台通知、公告等多种形式。从平台规范的内容来看，涉及更为广泛，如商品的管理规则、营销推广规则、内容推广规则、交易管理规则、争议处理规则、违规处理规则等。

行业规则

电商行业规则是指电商在长期运营过程中形成的共同的运营标准和行业习惯，也是电商平台要求电商遵守的规则。这些规则旨在保证用户的权益和促进平台的健康发展，涵盖了从商品的发布、推广、销售到售后服务等各个方面。

（1）商品规则。在平台中，所有的商品都需符合相关法律法规和行业标准，如不能出售假货、伪劣商品等。同时，对于某些特定品类的商品，还需满足相关的资质认证要求。

（2）展示规则。为保证广告的真实性和可信度，商品的展示必须满足一定的标准，如必须真实反映商品的实际情况，不能出现不实或夸大其词的描述等。

（3）营销规范。在平台上进行电商运营时，商家不得使用欺骗、误导或其他不正当的手段进行营销，如虚假宣传、过度使用热词等。

（4）用户服务规范。商家在售前、售中和售后均应提供真诚、贴心、周到的服务，并保证商品质量和售后服务的可靠性。同时，商家还需保护用户的隐私和个人信息。

（5）合规监管。商家在运营电商业务时，要遵守相关的法律法规和政策要求，如税收政策、质检监管、知识产权保护等。

总的来说，电商行业规则旨在确保平台上的电商行为合法、合规、诚信，保护用户权益和维护市场秩序。商家们应当熟悉这些规则，认真执行，并且随时关注相关标准和政策的更新和变化。

个人原则

契约是诚信的试金石，评价一个人是否诚信的标准就是看他是否遵守契约。在电商交易中，诚信表现为按照承诺的商品的价格、质量和配送服务进行交易，以及按照约定的时间寄出商品。诚信原则是电商职业道德的核心原则，也是商家自我约束的具体表现。

电商交易是通过电商平台实现的，也就是说其交易环境是虚拟的，加上目前针对电商的相关法律法规尚不完善，极少数不良商家就会趁机钻营取巧，以一些不道德甚至非法的手段来经营，这是万万不可取的。欲修其身者，先正其心；欲正其心者，先诚其意。做电商想要赚钱，就必须稳定良性的发展，而要做到这一点，就必须构建良好的口碑和诚信值。无论将来电商如何发展，恪守诚信始终都是电商人的必修课。

制度与管理

中国民间故事中有一个非常经典的管理案例：和尚分粥。寺里有一群和尚，分粥的时候总是会有和尚因为分的粥少饿肚子。于是寺管理会决定让每人轮流分粥。这就造成和尚们在自己分粥的时候吃得肚胀，而没轮到自己分粥的时候，肚子就饿得咕咕叫。于是寺管理会又想了一个办法，增加一个选粥的程序，即每天分粥的人必须最后一个选粥。这样，分粥不均的问题就解决了。

这个故事告诉我们，管理无非就是两件事：事的机制和人的需求。如果把寺庙看成一个电商企业，人员的管理就变成了以经营为导向的管理。管理的目标是将企业做大，让人有动力，让事出结果，好的管理体系是决定企业生死的重要因素。

统一思想

公司之所以称之为公司，就因为它是集体相互价值交换、彼此需求满足的协同合作组织。管理者不是管控者，是支持者；不是考核者，是承担者；不是统治者，是服务者；不是争功者，是给予者。管理公司的核心逻辑：管理 = 管理价值 × 管理需求。

所谓管理价值，其实就是管理集体目标的达成，也就是推动员工在同一个组织协作，实现公司目标。一方面公司要选择对自己有价值的员工；

另一方面员工也要评估公司是否能回报自己创造的价值，这是一套双向评价体系。管理管的是结果，是事，而不是人。管理者不需要在乎员工是否维护他的权威，而是应该更多关注员工的个人理念是否能与公司统一。如果一个人认可公司的价值观，才能为公司创造价值。管理对准的是价值，市场只认功劳，不看苦劳。

所谓管理需求，就是对员工的需求进行管理。需求是一切动力产生的根源。所需决定所产，没有需求就不会产生欲望，也就没有动力。无欲无求的人是很难有奋斗精神的。很多老板只想着让员工满足自己的商业目标，却从来没有考虑过员工的需求到底是什么，管理者越是用不适合员工的方式去管理，员工就会越内耗。因此，所有的管理都是为了选拔出那些与公司有共同发展需求的人，与公司发展理念一致的人。

层级管理

不同的企业、不同的业务板块所需要的管理手段和管理风格是大不相同的。一个电商企业的所有人员大体可以分为三个层级，分别是决策层、管理层和执行层。决策层负责确定组织的目标、纲领和实施方案，进行宏观把控。管理层则是把决策层制定的方针、政策贯彻到各职能部门的工作中去，对日常工作进行组织、管理和协调。执行层在决策层的领导和管理层的协调下，通过各种技术手段，把组织目标转化为具体行动。

对于很多小规模的电商来说，决策层往往就是老板自己。老板认同的文化就是企业的文化，很多时候老板不是在管理别人，而是在管理自己。在创业初期，老板基本上都是既要做运营，又要学美工，还要做客服，甚至还要做打包发货的工作。这种扁平化的自我管理能力会影响到员工，并最终奠定整个团队的质素。

在企业逐渐做大做强以后，老板一个人已经无法兼顾所有的事情，这时候就需要培养管理层，作为企业的智囊和老板的助手。管理基层用制度，管理高手用艺术。艺术性的管理就是需求管理。有句俗话：想当领导，就要会送功名。这个"送"字表达的含义就是满足需求。我们看《水浒传》里的宋江是怎么当领导的？文不能文，武不能武，没学历、没背景、没专业，但是他很擅长满足别人的需求，人送外号"及时雨"，入主梁山以后，更是要钱的送钱，要名声的送名声，送得合适、送得明白。

一个稳定良性发展的企业，在内控上必定要做到张弛有度、杂而不乱，各个层级之间分工明确，配合默契。决策层要根据企业的核心价值观来制定发展战略。管理层在企业起到承上启下的作用，要清楚自己的角色类似夹心饼，而不是救火队长。执行层在团队中既是业务导师，也是行为模范，要具备业务能力和职业操守。

标准化

电商运营的标准化，简单地说就是要建立一套标准化体系来进行系统化管理。当企业规模扩大时，缺乏标准化的运营会大大提高企业的试错成本。很多企业在运营上耗费了大量的资金和精力，但获得的经验寥寥无几，不同的项目做了一个又一个，同样的错误却犯了一次又一次。所以，企业必须建立标准化的体系，来增强企业在规模上的承载力，并不断总结和复盘以往的经验教训，这一过程大致可以分为以下六个步骤来进行：

1）规划。分析电商企业的业务特点和运营模式，制定符合企业实际情况的运营体系。注意需要考虑到各个环节的交互关系，确保每个环节都有明确的责任和职责，以达到高效的运营目标。

2）优化。对各个环节的操作方式和流程进行深入分析，找出存在的问题和瓶颈，并通过技术手段和管理手段进行解决，以提高运营效率和质量。

3）标准化。将优化后的运营体系进行标准化，为每个环节制定详细的操作规范和流程标准，并通过培训等手段将标准化的体系传递给每个执行者，确保每个环节都能够按照这个体系来进行操作。

4）监控。通过数据分析和监控手段，对运营体系的执行情况进行监控，及时发现问题并进行处理，确保运营体系的执行效果和质量。

5）改进。对监控中发现的问题进行分析和总结，找出问题的根本原因，并通过改进措施进行解决。

6）评估。对改进后的运营体系进行评估，确定改进效果，并对其进行调整和优化，确保其始终保持最佳状态。

KPI

关键绩效指标（Key Performance Indicator，KPI）是通过对组织内部流程的输入端、输出端的关键参数进行设置、取样、计算、分析，以衡量流程绩效的一种目标式量化管理指标。KPI 是把企业的战略目标分解为可操作的工作目标的工具，是企业绩效管理的基础。

电商运营的 KPI 考核一般包括五个方面：订单量和销售额、转化率、客单价和复购率、订单处理时效及退货率。KPI 的制定和考核可以帮助企业有效地监控业务运营情况，优化运营策略，提高业务效率和盈利能力。

创业难，守业更难。对电商来说，做运营不容易，做管理更不容易。管理之所以很难，是因为管理者和员工之间不是互相竞争的关系，而是协作共存的关系，所以管理的本质就是整合、协同和重组。

激励机制

　　有一个学员问我："公司这几年发展得还可以，吃到了红利，员工赚到了钱。有些老员工斗志减弱，不思进取，该如何解决？"

　　我说一个人没有努力地去赚钱，说明花钱的地方太少，不知道赚钱的价值，所以动力不足。你可以经常带核心团队放大一下生活欲望值，创造一些新的诉求。比如经常带他们看房看车，住五星级酒店、度假旅游，参加国际学校的教育公开课等。可以按照一定的职级比例借钱给他们换好房好车，提高他们的生活品质。一个人一旦见过好东西就很难再接受不好的东西了。于是他回去照做，后来给我发信息说这方法很灵，团队的竞争状态又回来了。

　　所需决定所产，调动一个人积极性的最好方法，就是满足他的需求，开发他的需求，创造他的需求。正确合理的绩效激励机制是激发员工潜能的不二法门。大多电商老板都知道绩效激励的重要性，但他们设定的绩效却未必是有效的。那么什么是有效的绩效？有效绩效的方式又有哪几种呢？

成就激励

　　功名利禄中的"功"，指的就是成就、业绩，可见成就对于一个人的意义要远大于金钱或者名利。一名员工在一家公司工作，无非是为了三件事，要么为了成果（赚钱），要么为了成长（发展），要么为了成名（自我实现），一名有抱负的员工，当然希望这三者能够兼得。

在公司能够获得成长是让员工保持谦卑的一个重要因素。在工作岗位上取得成果、赚到钱，对员工来说是扎扎实实的回报，而在公司是否能够有成就，是员工认为自己区别于他人成为人才的重要标志，也是员工决定是否要通过这家公司将自己的职业过渡到事业的关键衡量标准。一旦员工在公司每一步的成就都成为下一步成就的基石和动力，慢慢地他就会越来越珍惜自己的羽毛，会对自己提出越来越高的要求，并充分享受这种状态，把公司当成实现自我价值的重要战场。

能力激励

能力激励是指人才支持，就是公司要做伯乐，对员工给予肯定并释放其自主发挥的空间，让员工的能力有用武之地。

怎样做到人才支持？首先，需要有一个支持员工做事的领导。对员工来说，部门领导就是他不断取得工作成果，成为部门标杆乃至公司标杆的坚强后盾；其次，需要有一个匹配才能的岗位。猴子擅长爬树、猎豹擅长奔袭，公司要对每一个员工的能力特质进行分析，才能做到人尽其才；最后，还需要一个能鼓励发言的平台。当员工的建议得到了公司的认同，他就会认为自己真正成了公司的一分子，这就是常说的主人翁意识。

环境激励

所谓的环境激励，就是通过客观环境的刺激和鼓励，让员工从心态上积极起来，全身心地投入工作。什么样的环境能达到这样的目的呢？能激励员工的环境一般需要具备两个方面的要素。

第一个要素是要有岗位标杆。当员工看到和他同部门、同岗位的人在经过努力奋斗后切实地拿高薪后，他就会认为自己的岗位存在很大的上升空间。

第二个要素是高人才密度。一个公司的人才越多，能吸引的人才就越多。如果员工在公司里面能够学到很多以前不知道的东西，很多同事的见识比他广，综合素养也比他高，他就会倍感压力，并且每天的耳濡目染也会让他在潜意识里产成一种努力奋斗的动力，从而更加努力去缩小这种差距。

物质激励

物质激励是最直接、最有效的一种激励方式，主要包括薪资、年终奖激励、福利津贴以及近几年兴起的员工持股计划、利润分享计划和企业年金计划等。

薪资是员工干工作最核心的动力，调整薪资是对员工最直接、最有效的物质激励。合理的薪资绩效制度至少应该包括以下四点：①薪资和岗位挂钩；②标杆薪资制，提高优秀员工的忠诚度，提高上进员工的积极性；③薪资关联制，让员工能时刻保持高涨的工作状态；④设立超价值薪资，让员工即使在不得已加班的情况下也不会有怨言。

除了薪资以外，还有员工持股计划等物质激励，其实这些物质激励在本质上没有太大的区别。只是需要注意的是，物质激励的核心原则是公平，对于所有的员工都应该一视同仁，公平对待。当然，公平并不代表"平均"，平均分配奖励等于无效激励。

精神激励

提高实物薪资自然受员工青睐，但"精神薪资"同样也能达到良好的激励效果，很多时候仅仅是一句祝福的话语和一次真诚的握手都将使员工铭记并感恩。给员工适当的精神激励可以在公司建立起良好、健康的人际关系，营造出相互信任、团结融洽的工作氛围，使员工感到被尊重，从而增强员工的归属感和忠诚度。

常见的精神激励方式包括生日祝福、年会团建、犯错容留等。犯错容留是指给予员工一定的容错率。例如员工在工作上出现了重大失误，原本应该受到相应责罚，但是高明的公司会选择网开一面，用降低或者暂缓惩罚的方式来变相激励员工。这种方法会让那些平时表现良好、只是偶尔犯错的员工心生感激，更努力地工作。

差别激励

差异化是指给不同的人分不同的饼，根据不同层次的需求，运用不同的激励方式。差别激励的基础就是承认每一个员工都是独一无二的个体，根据调查，20～30岁的年轻人更在意工作的机会，而30岁以上的人随着家庭的稳定，更趋向于升职加薪等实在的奖励。普通员工更注重物质奖励，而技术骨干更看重晋升机会。

人是复杂的，其需求层次也是复杂的、多样的、多层次的，员工的需求会随着职位晋升、生活角色转变、年龄增长而变化，根据员工的差异化需求制定差别激励机制，不仅能在一定程度上减少企业用工成本，还能提高员工对企业的满意度。

晋升体系

晋升体系，又称升职体系，在古罗马时期，被称作"荣耀之路"。在企业管理学上，晋升是管理者可使用的关键资源之一，属于机会利益。调查显示，职场众多的离职原因中，企业的晋升体系不健全占了很大的比重。升职意味着物质和精神的回报，代表着更高的收入、更大的荣誉、更好的前途。

阿里巴巴在做宣传时经常讲彭蕾的故事，彭蕾从不起眼的前台做起，努力工作，最终成了企业重要的合伙人。这个标杆无疑告诉所有人，在阿里巴巴内部有一套完整合理的晋升体系，再不起眼的岗位，只要肯努力奋斗，也能通过晋升体系受益。

对于员工，尤其是那些高素质、高技术的人才来讲，晋升体系是个人职业规划至关重要的一个环节。而对于企业来说，晋升体系的作用体现在五个方面：树立榜样，团队观念引导；激励优秀者，稳定重要人才；优化资源配置，提高组织效率；优化管理体系，保持企业活力；发扬文化传承，利于企业长存。

管理有模式却无定式，这是管理的艺术性和科学性。三流的绩效是用来考核的，二流的绩效是用来激励的，一流的绩效是用来选拔的。所有的激励机制都是为了激发员工的创造力和凝聚力，最终让企业也从中获益。

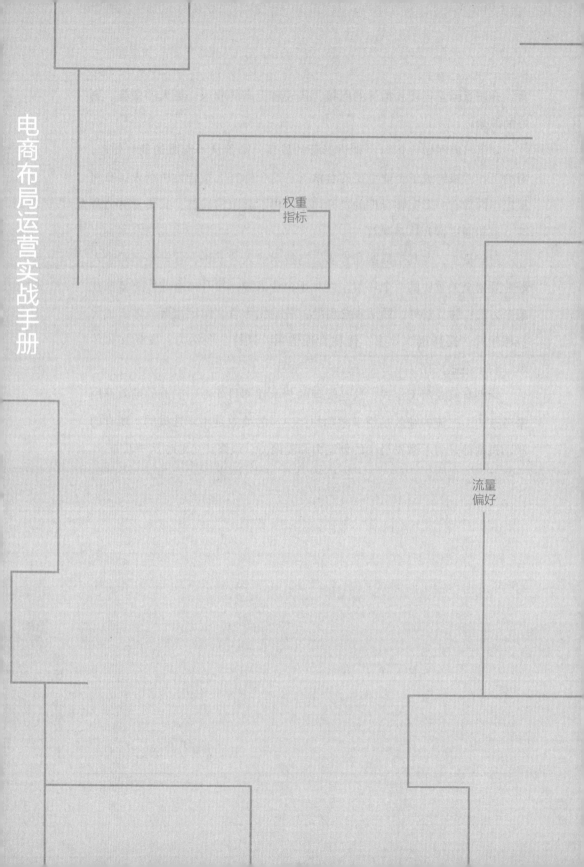

电商布局运营实战手册

权重
指标

流量
偏好

第三篇
流量爆款

流量偏好

流量跟平台有最直接的关系。不同平台的流量分配机制是不一样的。比如当我们搜索"袜子"这个词时，知乎得到的结果可能是与袜子相关的知识探讨；小红书得到的结果可能是一些网红对袜子的测评和推荐；微博得到的结果可能是与袜子有关的热点事件；淘宝得到的结果就是各种各样的袜子类产品。

在其位则谋其政，在什么样的电商平台，就要用什么样的运营方式来获取流量。那么电商平台的流量偏好到底有哪些呢？本章内容将从利益本质、流量喜好和平台特性三个方面来逐一探讨。

利益本质

你知道中国最大的广告公司是哪家吗？

很多人都会说是百度。百度的主营业务是通过搜索优化来收取广告费用，所以它既是中国的互联网巨头，也是一家大型的广告公司。整个行业都是这样认为的。但实际上中国最大的广告公司并不是百度，而是阿里巴巴。我们不妨仔细想一想，阿里巴巴和百度的区别是什么？百度是在信息流里面做搜索优化，商家只能去抢些用户搜索的关键词，只要付费，它就会给我们买断一个关键词和一个广告位。但这套体系远远不及阿里巴巴，阿里巴巴是在产品的信息交换流里诞生的一个搜索竞价游戏，能引发高频交易。二者是不一样的。

在电商行业，很多电商老板买过最贵的"车"可能不是奔驰宝马，而是电商平台的付费直通车。电商老板每一年在这辆"车"上投放的广告费，可能都相当于购买了几辆甚至几十辆宝马。这种数量级的广告花费在所有电商里面的占比差不多达到了 10%。试想一下，几万亿、几十万亿的交易额里面，有 10% 是付费给了电商平台。平台公司把电商平台搭建好之后，就去外面买流量，然后卖给商家，让商家付费抢关键词，谁给的钱更多，谁的成交率更高、投产比更高，它就把这个关键词卖给谁，然后收取高额的流量费用，这不就是真正的广告公司吗？所以说电商平台从某种角度来讲就是靠贩卖流量来获取利润，靠广告收益来实现商业价值。

流量喜好

一个公司有 A 和 B 两个业务部门，A 部门业绩突出，B 部门业绩一般，如果我们是公司的管理者，会把更多的物料和奖金分配给谁呢？很明显是 A。电商平台对商家的流量分配也是如此，作为资源分配方，它一定会向那些能够更好地实现流量转化的商家倾斜，这就是平台的流量喜好。

平台流量喜好的商家与产品一般来说有六大类：

（1）坑产⊖规模大的商家和产品。假如我们在淘宝上一个月的坑产规模能做到 300 万元，而别人只能做到 200 万元，那平台一定会给我们更多的免费流量作为奖励，因为我们为平台创造了客户留存价值。这与在抖音上刷视频是一个道理，我们的客户黏性高，客户就会持续逐条去刷我们的视频，我们的推送频率和粉丝增长就会很快。

（2）流量利用率大的商家和产品。有很多小规模的商家没有足够的实

⊖ 坑产为电商行业术语，即坑位产出，意思就是平台给我们一个坑位，之后我们能够在这个坑位上产出多少的成交额。一般来说，平台更愿意把坑位给产出高的卖家。

力去实现大规模坑产，但是它们的产品吸引力很大，客户一进来不仅买一件还买多件，不仅买一次还买多次。复购率高，关联率高，点击率高，转换率高，这说明它们的流量利用率很高，这种商家也容易获得平台扶持。

（3）具有品牌优势的商家和产品。电商只要在线下有很强的渠道能力和品牌优势，在入驻平台时都会有很多绿色通道：定期广告、费用返贴，在线下投了多少，平台就会给多少的广告，店铺给平台打广告还会给补贴，比如产品海报上写搜某某平台旗舰店，该平台就会给店铺免费的对冲流量，这就是电商中所谓的新零售。当然，前提是我们的产品要具有一定的品牌影响力，要么是传统大品牌，要么是新锐品牌，比如钟薛高、三顿半这种能作为行业创新标杆的。

（4）独一无二的商家和产品。有的产品本身品质很一般，也没有什么品牌可言，但是整个行业只有少数几家在做，那平台就没得选，只能把流量分配给这些产品。比如压舌片，很少有人知道这个东西，它是口腔医生用来压住病人的舌头检查口腔用的。在电商平台上搜索这个东西，出来的可选项非常有限，整个行业也没几个商家做这个产品，那说明这个产品的竞争对手少、市场小，所以平台只能把流量给它们。

（5）付费效果好的商家和产品。付费效果好就表示转化率和点击率都很高，市场增长速度快。有些商家业绩不高，销量也不大，复苏效果也不明显，但是它的产品极具差异化，属于稀缺货，赛道对手很少，这种前期表现比较充裕和具有潜力的商家，也是可以获得平台青睐的。

（6）新入驻的商家和产品。这点很好理解，新店铺要是一点流量都获取不了，久而久之肯定没有新商家愿意入驻了，所以任何平台对新品和新店都有一定的扶持期。

平台特性

很多人都说电商是一个没有安全感的职业，在这个行业里，不管做多大，如果不遵循平台的规则就很难活得好。任何一条规则的调整都有可能直接导致一个TOP级卖家瞬间跌落谷底。每一年平台都会进行大量的规则调试，所以做电商必须随时关注风向，了解平台的特性。

以淘宝为例，目前淘宝与天猫的卖家整体比较活跃的有600多万，全网统计的商品数量差不多有8000多万。淘宝平台并不是靠人力来管理和分析这些数据的，而是有一套自成的系统，基本上它的运作过程可以分为三个步骤：首先它会根据市场驱动来确定平台的整体趋势，也就是规则和权重，并设置成一套系统；然后这套系统会自动判断哪类店铺能做起来，哪类产品该给予更多的流量；当然在这个过程中肯定会出现一些偏差，所以第三步就是人为纠偏。

在有了这个基本认知之后，我们就很容易理解平台的特性了。

首先，整个平台是受利益驱动的。平台要实现盈利最大化，就需要大量的客户习惯性、长期性地进行消费，并达成非常可观的销售业绩，也就是说在任何情况下都必须保持销售业绩的增长，直到它取得这个行业中无法被取代和挑战的稳固地位。"销量""跑量"永远是没有错的，平台需要销量来把业绩报表变得好看一点，卖家希望靠销量来提升自己的企业规模，而客户也会根据销量来判断某个产品是否受欢迎。销量在任何一个时期都不会完全地被弱化，只会被部分调整或者减少权重，并且无论它被怎样调整，都永远是最重要的权重。

其次，平台是一套系统而不是"人"，它不会了解客户在搜索"连衣裙"的时候是出于什么样的想法，客户是想买长裙还是短裙、雪纺材质还是纯棉材质、欧美风格还是文艺风格等，这些它都无法知晓。所以如果客户不搜索精准词，只搜索"大词"，平台的展现逻辑就是：每一类型的产品都会展现出来，平台绝对不会允许单一风格的产品抢了这个词。所以如果客户选择搜索"连衣裙 夏"这种"大词"，同样的产品中就只有少数的产品能够被展现出来。那么在同款里面有哪些产品能展现出来呢？销量高的、历史周期长的、店铺评价好的，当把这些产品都展现在客户面前的时候，怎样去判断这个产品值不值得给它分配流量呢？答案是：点击率。在千人千面的情况下，在客户希望把流量运用得精准的情况下，点击率是非常重要的一个元素。

此外，平台会扶持那些经常上新品、产品具备多样性的卖家，因为上新能够帮助平台自身更新迭代产品的容量。一个产品只要是新品，刚上架平台就会自动分配部分流量，当然，这部分并不是搜索流量，而是所在类目的类目流量。随后，在商家上新的前几天，平台就开始测试新品上新当天能不能破零，最初几天能否破零就成了平台判定它是否受客户欢迎的标准，破零的速度就是它的上升速度。因此，新品的排名是变化最剧烈的，不像一个很成熟的产品，其排名已经固定，新品的排名很容易被快速往前提，平台会在这个阶段测试新品的成长性、欢迎度、转化率，这也就是很多人在研究的"7天螺旋"。

所以说电商平台就是反反复复地在循环这三部曲——市场驱动、系统自动识别、人为纠偏。系统的每一种规则、每一次纠错都会产生一种新的玩法，这就是平台的特性。

权重指标

上一章已经讲过，免费流量的展现逻辑实际上就是平台给每个产品设置了不一样的权重，并以此做出一次次的归类行为。因此能不能获得流量就取决于权重的高低。

那究竟什么是权重呢？从字面上理解，权重就是权衡重要性，平台会权衡利弊，对它来说很重要的商家，权重就高，反之就低。从本质上理解，权重就是价值取向。有的人爱名，那么名声对他来说权重最高，就是他的第一价值取向；有的人爱财，那么财富就是他的最高权重和价值取向。

那么在电商中，平台的权重指标有哪些呢？本节内容将从权重的综合性、平台权重、商家权重以及权重阀门这四个方面入手来探讨这个问题。

权重的综合性

平台在对所有的店铺产品分流的时候，有一个分级、分层、分数以及分量的核心指标，这个就叫权重。具体怎样判定呢？举个最简单的例子，假如店铺 A 卖的全是男裤、西装裤，一个月的销售额是 50 万元；店铺 B 既卖西装裤，也卖领带、白衬衫、卫衣等，而西装裤的销售额一个月也能达到 50 万元。由于店铺 B 的整体销售额比店铺 A 要高，所以就产生了这样的问题：今后客户在首页搜索西装裤的时候，平台会优先把流量分配给哪家店铺？也就是说，假如我们是平台，我们会认为哪家店铺对西装裤的权重更高？

答案是取决于这两家店铺对西装裤这个关键词的消化水平。店铺 A 只卖西装裤，也就是说客户进来基本上都是以西装裤成交的，所以西装裤在店铺 A 中占了 100% 的权重、100% 的比例，因此更加精准。而店铺 B 的西装裤虽然也达到了 50 万元销售额，但却并不是店铺的主营品类，说明西装裤这个品类对它而言已经登顶了。假如店铺 B 的整体销售额是 200 万元，平台就会判定西装裤这个品类只占店铺 B 25% 的市场比例。那么在两家店铺点击率和转化率完全一致的情况下，平台会分配给店铺 A 更多的流量，除非店铺 B 的点击率和转化都超过它。但是如果店铺 B 的整体销售额是 70 万元，那么西装裤的销售比例就是 71%，也就是说平台会判定店铺 B 西装裤的市场比例是 71%。这时对店铺 B 来说，西装裤也成了主营品类，同时由于店铺 B 的层级和整体销量都比店铺 A 要高，平台就会优先把流量分配给店铺 B。

从这个例子可以看出，权重指标不是单一性的，而是综合性的。我们在讨论权重的时候，一定需要考虑综合权重而不是单一权重。为什么我们的店铺的点击转化比对手高，流量却反而没它多？我们的店铺有 100 个访客进来，转化了 5 单，我们认为 5% 的转化率还挺高的，我们对手的店铺进来 1000 个访客，尽管它的转化率只有 3.5%，但是却有 35 单，那么是 35 单的量大还是 5 单的量大呢？很明显我们对手的销售规模更大，整体的流量普及更广，流量层级也更高，所以平台肯定会优先把流量给我们的对手。

所以说，单一的权重指标是不具备核心考量价值的，只有综合性的指标才有参考意义，也就是综合权重。

平台权重

在电商里，所有的权重指标一共有 100 多个，由于篇幅有限，我们只重点讲述平台权重和商家权重。

先来看看平台权重。像抖音、快手这种短视频平台，它的权重可能是游客量、粉丝量、关注度、点赞评论数等，而对于淘宝、京东、拼多多这种网购平台来说，权重一般分为四个层级：

第一层级的权重指标包括销售额和增长值。销售额规模越大，市场占有率就越高，对平台的贡献就越大，平台能够收取更多的扣点[⊖]和广告费用，自然就会分配更多的流量。增长值又包括增长量和增长速度，举个最简单的例子，卖家 A 这个月总营业额为 50 万元，下个月和下下个月的总营业额也都为 50 万元；卖家 B 这个月总营业额为 30 万元，下个月总营业额为 50 万元，下下个月总营业额又涨到了 70 万元，那么很显然卖家 B 的增长值就比卖家 A 要高很多。销售额只能评判现阶段的经营成果，增长值才是评判商家未来持续竞争力的主要指标。

第二层级的权重包括点击值和转化值。怎样衡量一个商品是不是优质商品呢？看看点击量、点击率和点击增长率就知道了。这三个指标统称为点击值。点击量和点击率很容易理解，1 万个人里面有 100 个人点击，那么点击量就是 100，点击率就是 1%。对于那些几十万、几百万点击量的商品来说，不但要看点击率，还要看点击增长率，比如说某商品上个月的点击率是 1%，这个月的点击率是 3%，那点击增长率就是 2%。点击值的权重是由这三个指标组成的，前期要看点击率，中期要看点击增长率，后期要看点击量。点击量大意味着访客多，前期销售额和体量不大的时候只能

⊖ 扣点的意思是在报价的基础上进行折扣的点数，在商品交易和贸易价格谈判中常常用到扣点，比如说 10 个扣点，就是把现有价格的 10% 作为折扣。

看点击率。转化值同理。点击率是流量获取第一率，转化率是权重成交第一率。

第三个层级的权重平台包括体验值和加购值。某个商品有没有差评？差评多不多？客户体验好不好？如果有差评投诉和平台介入，平台就会认为权重偏低；加购是购买意向，是一种拟购买行为，有加购行为的客户大概率会实现转化成交。所以加购人数多的商品，平台也会判定为权重较高。

第四个层级的权重包括上新值和收藏值。上新值反映出店铺在持续经营，店铺在吸引客户；收藏值反映出客户关注度，虽然客户暂时没有购买，但很大限度上下一次他打开收藏夹的时候会选择购买。现在有一个流行词叫作私域，对于商家来说，私域就是会进行两次以上复购的忠实粉丝，很明显，复购率越高，粉丝黏性越强，流量转化率也就越高，该商家在平台的权重也就越高。

商家权重

前面我们讲了平台权重，接下来我们讲讲商家权重。商家权重有三个层级：

第一层级的权重是利润率。经商的目的是为了赚钱，没有利润一切都是空谈。有很多商家的销售额很大，但是却并不赚钱，有规模而无利润，原因就是利润率太低，投入大量成本在物流、广告上，点击率和销售额也做起来了，结果却只能勉强维持经营，这显然无法达到商家追求的较高的盈利这个权重指标。

第二层级的权重是动销率。假设100个产品里面卖了90个，那么动销率就是90%；卖了50个，动销率就是50%。商家一般比较关注的是日动销和月动销。尤其是非标品的类目，需要特别注意日动销和月动销，因为只要有库存就必须有相应的动销率。严格意义上的动销率还包括动销增长率、动销比例、动销深度等。

第三层级的权重是复购率。复购代表了客户留存度和粉丝黏性，复购率低，说明产品的关联度和品质都不够，客户都是一次性购买的。这个权重跟前文所述的平台权重中的复购率指标不一样，对于平台来说，复购率是拿多家店铺一起对比的，是横向的；对于商家来说，复购率是跟我们自己的盈利水平相比，是纵向的。

权重阀门

如果把整个平台比喻成一座水坝，那么权重就是这座水坝上的水闸阀门，而商家就是靠水坝灌溉来养活的农田。今天想灌溉哪一块地，需要放多少水，水流的速度是快一点还是慢一点，都取决于怎么操作阀门。并且这座水坝很有可能不止一个水闸，水从水库出来，要经过很多道阀门的综合控制，最终才会以最合理的形式流进农田。

所以权重其实就是平台对商家进行分级、分层、分量、分数的阀门。在这套权重指标里，成长值 > 增长值 > 标准值 > 平均值。坑产规模大，成交量高，那权重就高。一件产品现在的点击率不行，但其增长值高，未来行情可能会好，那权重也会较高。通常情况下，点击率超过行业同类产品的 85% 以上，或者点击率高于行业整体点击率的 1.5 倍，就达到了标准值。标准值主要是针对优质的爆款来讲的。平台首先把流量给那些坑产已经有规模的商家，其次再给增长速度很不错的、有潜力的商家，再次就给有机会进入爆款池的商家，最后才给平销的和滞销的商家。

作为一个成熟的商家，必须将这些权重综合起来考虑，既要思考商家权重，也要思考平台权重，只思考单一权重是不对的。弄明白权重和流量的关系，才能够做出更加有利于流量获取的经营动作。

流量与产品

　　流量和产品到底是什么关系呢？想要搞清楚这个问题，首先要明白产品是需求的载体，一种产品诞生的前提一定是市场上出现了相应的需求。需求又是什么？需求是用户的欲望载体，用户有需求才会去购买相关的产品。所以有人就有需求，有需求就会有产品，产品的需求越大，带来的流量就会越大。

　　前文已经讲述了平台的流量偏好和权重指标，本节将继续探讨流量与产品的关系，包括流量的本质、流量和产品的一体性，以及流量获取原则。

流量的本质

　　商业或营销领域的流量一词，源于 PC 互联网时代，盛行于移动物联网、自媒体时代。PC 互联网时代的流量更多的是指网站的浏览量，而移动物联网和自媒体时代的流量更多的是指线上商品和信息的展现量。

　　流量的定义方式是灵活多变的，在不同的维度都有各自的意义：

　　从市场的角度来说，流量的本质是人的需求。一切流量都是因人的需求而起，一切流量都是为了满足人的要求：沟通的需求产生了微信的流量，娱乐的需求产生了抖音和快手的流量，求知的需求产生了知乎的流量，购物的需求产生了淘宝和京东的流量。

从产品的角度来说，流量的本质是用户关注度。在这个信息过剩的时代，更高的关注度意味着更高的知名度，而更高的知名度往往更容易引导人们消费。

从运营的角度来说，流量的本质是企业愿意支付的获客成本。电商红利逐渐消失，碎片化的流量意味着未来企业在平台上的获客成本将会越来越高。

对电商企业来说，流量是运营的核心。当平台经历从 0 到 1 的突破之后，用户就会蜂拥而至，平台在受到大量关注后，就会摇身一变成为入口，流量就此转化为商业价值。现在虽然大多平台都在谈用户思维，但最终还是要回归到流量。平台逐利的性质不变，流量的本质也就不会改变。

流量和产品的一体性

渠道是打通生产商到最终消费者之间的媒介，有了销售渠道，产品才会被消费者看到，并被售卖到最终消费者手中。在电商行业也有类似的一句话，叫作"得流量者得天下"，因为在电商平台上，流量实质是扮演了渠道这一角色，如果没有流量，产品就不会被潜在消费者看到，更不会被购买。

"产品为王"是指产品是撬动一切流量的根源：产品决定了竞争力、价值创造力、流量承载力和市场容量。如果流量获取度不够强，很可能就是产品出了问题。假如产品是一堆垃圾，即使找最厉害的运营和美工，也一样卖不出去。因为消费者对产品本身没有需求，产品就创造不了价值。所以"流量为王"也就是"产品为王"，流量和产品本身是一体的。电商的本质是流量的生意，所以流量的生意其实就是产品的生意。

为什么有的产品流量很少？分析起来无外乎五个方面的原因：

（1）产品的市场需求特别少。比如电梯，很少人直接在网店搜索电梯或是购买电梯，所以平台上关于电梯的搜索词很少，因为它的线上需求很少。

（2）产品的目标用户少或在用户群体里还没有被普及。比如说有一种能够自动调试度数的眼镜，其实这个产品挺好，也能满足某些用户的需求，潜在的市场体量也很大，但是它基本上没有什么流量，因为大多数人根本都不知道这个产品，甚至听都没听说过，也就是说这种产品还没有被普及，还无法生成对应的关键词。

（3）产品的定价太高。定价高付费就高，免费流量就少，市场份额就小。后续章节我们会专门讲述定价与流量的关系。

（4）产品的竞争力太弱。一个产品如果品质、价格、视觉、运营等各项竞争力都不行，那么想要获得流量支持难如登天。

（5）产品营销太差。一个产品本身不错，但是没有点击、没有转化，说明产品的营销差，图片设计同质化严重，客户找不到购买的理由，自然卖不好，更不可能获得很多流量。

所以流量跟产品是有直接关系的。在理解了"流量为王"等于"产品为王"之后，就应该深入思考如何用产品驱动流量：优先选择市场需求量大的产品、已经充分普及的产品、价格段比较丰富的产品、视觉点击获客高的产品、本身具有差异化的产品。

流量获取原则

要想弄清楚流量获取原则，就要弄清楚平台流量分配的基本原理和底层逻辑。要说清楚这个问题，就得从最初的平台构建讲起。

国内最早的电商平台是阿里巴巴。最开始创建这个平台的时候，既缺客户也缺商家，要想把整个平台做起来，就必须让它具有竞争力。相对于线下品牌来说，平台上的产品种类更加丰富，所以第一步是牺牲大量商家的利益把所有产品的线上价格调到比线下实体店铺更低。为什么商家们愿意这样去做呢？因为电商靠一个 ID 就能进行全国销售，而线下门店却只能辐射某一片固定区域，很多由线下转为线上的商家发现借此可以做到薄利多销。

第二步是"塑神店"。为了吸引更多的商家入驻，扭转当时很多传统企业对电商不信任的局面，阿里巴巴在每个类目人为地设定了一些"神店"，也就是会通过平台给少部分卖家分发巨大的流量，把这些卖家塑造成行业的标杆。比如说女装类目里面的韩都衣舍、茵曼，家具类目里面的林氏木业，坚果类目里面的三只松鼠等。平台通过塑造标杆，让一部分商家先"富"了起来。这部分商家有一个共同特点：它们没有加工厂，没有线下实体店，是纯粹的互联网品牌。像它们这样在线下没有实体工厂的企业都能做到销售额过亿，那线下有实体工厂的商家怎么会做不到呢？于是很多商家纷纷涌入平台。当更多的商家进入之后，就要按照平台的规则来运行，也就是采取低价格。当时平台设定的驱动规则就是"低价跑量，销量为王"，只要能打出一个爆款，整个店铺就能火起来。

随着越来越多的商家进驻，淘宝平台的客户也越来越多，它日趋成熟并很快做到了全行业第一。此时平台最缺的不再是卖家，而是客户。因为卖家越多，恶性竞争也越多，很多卖家赚不到钱就开始抱怨平台。所以此时筛选优质商家成了平台的当务之急。它做了一次大规模的调整，在规则设定上做了很多新的尝试，其中就有很多人记忆犹新的"小而美"标准。

但是，改变商家的竞争模式真的会这么容易吗？平台在设置了"小而美"标准之后，发现很多商家还是很难赚钱，于是后来"小而美"这个概念又重新被"大销量"的概念所取代。这是一次回光返照，因为终归还是要以销量为目标。这说明平台是根据市场的驱动来做人为调整，然后系统根据权重来做测试并进行人为纠偏的一个循环过程。

那么这套系统到底是怎样运作的呢？这需要从最开始构建阿里巴巴这个平台的技术人员开始说起。最初，阿里巴巴的员工有很多是来自于"百度搜索"和"雅虎搜索"，所以它最初其实是一个搜索平台，只不过不像百度那样做信息的检索，而是将好的产品与相应的关键词相对应。是否符合客户搜索的关键词决定了该产品是否受客户欢迎，越是受客户喜欢的产品，越是应该最先被展示，因为平台最重要的目的是让客户长久、不断地获得性价比并且养成消费的习惯。平台有8000多万个产品，同一个关键词有很多产品都能够跟它匹配，比如"牛仔女裤破洞"，怎么判定哪一个产品是最符合客户要求的呢？在展现产品的时候，是没办法人为刻意规划的，只能通过系统，于是诞生了"产品标题"。每个产品都有一个标题，而每个标题里涵盖的关键词就是客户搜索流量的入口，这个标题相当于这个产品的身份证号码，8000多万个产品就有8000多万个身份证号，身份证号是产品的唯一ID，一个产品放在哪个类目就会带有哪种属性，标题从确定的那一刻开始就决定了它会在哪个流量入口进行展现。比如搜索"男鞋"，绝对不会出现连衣裙，搜索"袜子"也绝对不会出现女包。

讲到这里，我们基本上已经可以得出结论，整个电商平台实际上是一个搜索信息的检索系统，它会根据产品对应的关键词来分配流量，而在关键词雷同的时候，它会优先通过点击率来判定分配比例。如果平台无法判断是"小范围的好"还是"大范围的好"，它就会快速把产品的流量放大，"新品权重"就是这么设置的，通过大量的类目流量来测试一个新品是否受客户欢迎。因此，在店铺里不断上新品会给店铺带来一定的免费流量，这部分流量是整个类目根据产品的属性自动分配的，并不是产品本身吸引过来的，而通过快速测试点击率，平台会判断这个产品是否有继续分配流量的价值。

所以平台流量的获取原则就是精准匹配和标签化运营，在流量碎片化的时代，平台的流量获取将越来越动态、越来越细化、越来越正向。如果能清晰地理解这一点，就会知道怎样才能让付费推广和免费流量正向化、标准化、动态化，从而更好地完善经营上的一些细节。

流量与市场

我们在城市里打电话和发短信，可以享受5G网络的光速信号，但如果到了西藏无人区或是喜马拉雅山这种通信卫星无法覆盖的地方，那手机本身内存再大、功能再多也没有用。所以物尽其用的前提是要有能让其尽用的舞台。流量和市场的关系也是这样，流量是市场上客户的流动关系，市场就是流量的舞台。

每个市场都对应着一座流量池，电商领域有句行话叫作"大钱看流量，小钱看体量"，就是说大市场才能获得大流量，才能打造出大爆款。举个例子，在中国做生意，如果做到全国前列，那就比很多跨国公司都要强，因为基数大、对比高，市场就大；但如果在一个弹丸之地，就算把生意做到全国第一，市场也不过如此。再举个例子，同样水平的运营团队，卖布鞋和卖球鞋的流量是完全不一样的。还有，卖蛋糕食品的月销量一般很难突破5万元，为什么？因为市场决定了这些产品流量池的弹性系数本身不高，不管商家多努力也无法打造出大爆款。

有一个卖指纹锁的卖家，他的店铺流量一直上不去。按常理来说指纹锁也是不小的市场，为什么他却卖不好呢？原来，他做的是指纹锁大类里面的一个冷门细分市场，专门做柜子和抽屉上的指纹锁，也就是特殊场景下的指纹锁。因此不仅他自己的店铺没有流量，就连他的竞争对手和行业第一都没有什么流量。所以这个卖家的问题是产品过于小众，属于典型的标品，市场太小，流量池也太小。

从上面这个例子可以清楚地认识到，我们选择的市场决定了我们是否能在这座流量池里腾挪转移，市场是上升性市场还是下滑性市场？容量大小如何？是红海还是蓝海？市场的态势决定了流量的变化空间，那么具体来讲，流量和市场的关系到底是怎样的呢？

市场体量

爆款的体量是受制于市场体量的，市场体量小，爆款体量一定也小；市场体量大，爆款体量一定也大。月销 5 万件、8 万件、10 万件的店铺绝对不可能是蛋糕、饰品、压舌片、纹身机、蚕宝宝食品这种类目，因为这些产品的市场体量决定了它不可能出现月销 5 万件、10 万件及以上的爆款。

市场体量决定了爆款体量。我们在分析店铺流量的时候，首先要思考的就是市场体量。如果市场体量过小，那么整体流量也就小，在这种情况下，平台一定会把流量集中给前几个的头部商家。因为如果僧多粥少，还非要平均分配，大家都赚不到钱，那就没有人愿意做了。所以流量很少的类目一定会把流量集中分配给排名靠前的卖家。为了让大家抱有希望，让大家投广告进来争夺第一，它一定是相对集中的。

市场增长

流量的快速获取取决于市场的快速增长。2021 年冬季奥运会期间很火的冰墩墩周边，包括冰墩墩的小玩具、小公仔等，这种商品不用推广，甚至根本不用付费，只要把商品挂上，流量就会蹭蹭往上涨，速度非常快。如果把市场比做一片海洋，那么产品就是在海上的船，顺风才能加速行驶，逆风则会寸步难行。如果现在还有人去卖 BB 机、万能充之类的产品，那市场肯定做不大，因为这个市场早就萎缩了。我们为什么要推出爆款、找流量爆点？就是因为市场大盘的增速决定了流量的增速，而爆款的核心在于流量的增速和集中。

市场下跌

流量一旦出现不可逆的下跌，那一定是出现了市场的下跌。市场下跌的真正本质是爆款的下跌。竞争关系是不会影响整个市场体量的，但是如果市场下跌了，流量就会出现不可逆的下跌。很多卖家遭遇流量下跌的时候，很有可能是遇到了大促，流量被抽走了，或者市场的整个大盘在下滑。

市场拓展

我们已经知道了流量和市场的关系，大市场意味着激烈的竞争，小市场又没有什么利润，那如何才能在现有的市场里更好地存续下去呢？

有一句话叫"大市场做小，小市场做大"。如果我们的产品本身市场就很大，那么我们就在这个市场下面选择一个垂直赛道，尽量做得更专业、更精细，不要盲目贪大。比如卖西装裤就老老实实卖西装裤，不要卖牛仔裤、舞蹈裤，在大型市场下面要学会聚焦，这个就叫"大市场做小"；反过来，小市场就不要只卖单一的产品，要围绕产品去拓展人群，比如卖凉席的可以专门做儿童凉席、司机凉席、宿舍凉席等，这样产品标签还是凉席，但用户群体无形之中扩大了；再比如卖泳衣的，可以搭配出售防晒用具和救生圈等配套产品，在小市场里面要学会多元化，这就叫"小市场做大"。

所以，把大市场做小，可以让我们避开激烈的竞争，相对安稳地获得收益；把小市场做大，可以让我们在小市场里面借力迅速攀升。理解了市场和流量关系，就从根本上理解了行业流量到底该怎样去占领、是否需要挂平⊖、如何做更多布局了。

　　⊖ 挂平：指的是将产品以展示的形式进行销售，但不实际销售产品。简单来说，就
　　　是网上展销，只是展示产品，不进行实际的交易。

流量与关键词

当我们打开淘宝或者抖音的时候，如果首页推荐和自由浏览都没有自己想看的产品或者内容，我们就会把自己的想法快速精准地进行描述和匹配，此时就会产生一个行为叫作搜索。

无论是内容电商、社交电商还是网购电商，所有的电商平台都必须重视搜索里的关键词。抖音刚开始进入市场的时候，主打的是兴趣电商的概念，并以摒弃搜索入口的方式来证明自己完全不同于传统的搜索电商。然而事实证明，这是完全行不通的，因为没有搜索入口，就等于剥夺了用户自由表述的权利，扼杀了消费者的购物欲望，这样的平台显然是不具备用户留存力的。果然没过多久，抖音还是开放了搜索入口。

前面我们讲过，电商已经进入了碎流量时代，精准匹配和标签化是未来至少十年以内电商运营的重要课题，而精准匹配和标签化的核心就是关键词。本节内容将讲述流量和关键词的关系，以及关键词产品的分类和特点。

精准表达

关键词是对用户想法的精准匹配，是对需求属性的进阶表达。比如某位女士想买一条连衣裙，那么当这位女士搜索"连衣裙"的时候，连衣裙就是她的需求，而当她进一步搜索"长款碎花连衣裙"或者"网红炸街连衣裙"的时候，长款碎花连衣裙和网红炸街连衣裙就是她的进阶需求和精准需求。越是长尾关键词、越是细分关键词、越是深入关键词就能越精准地表达出用户的需求，它反映出用户对产品的认知深度。

从流量的角度来讲，关键词是流量分化的标志，关键词是用户和产品之间沟通的桥梁。当用户想在平台上寻找一个产品的时候，能够通过多少种关键词描述找到这个产品，就意味着这个产品有多少种不同的用户群体。不管一个电商平台上有多少种产品，消费者在搜索产品的时候，都是通过搜索关键词来实现的。所以产品的本质就是关键词和标签的集合载体。

一个产品，它本身必须通过关键词搜索才能跟用户建立起关联。当它上架的时候，要通过关键词来描述它；当它成为爆款的时候，更要细化关键词来维持爆点；当它滞销的时候，还是要调整关键词来改变流量。这就是关键词的作用和价值：以精确表达用户需求来实现流量的分化和转化。

关键词产品分类

通过关键词和标签，可以把平台产品大致分为三类，这也是平台典型的流量关系。

第一类叫作标品，就是关键词相对较少的类目。从字面上可以理解为标准品，也就是大多数消费者对它的认知描述是相对统一的产品。比如说厨房置物架，想买这件物品的时候，基本上都会搜索"厨房置物架"，因为没有别的词可以搜，顶多在后面再加一个不锈钢、塑料之类的属性词。还有压舌片，它就是用一个木片或者塑料片压住舌头的东西，也没有什么别的词可以用来描述它，用户在搜索这一产品时，不可能将其搜索成"牙齿片"，也不可能搜索成"口腔片"。

第二类叫作非标品。就是关键词数量很多的类目。比如说女装中的连衣裙，因为每个人的基本认知都不一样，没有办法通过一个产品来满足所有人的喜好，所以就出现了各种各样的风格，各种各样的造型，各种各样的尺寸。即使全国的人都在搜索连衣裙，每个人心中期待的样式都不一样，搜索的关键词也不一样。

第三类叫作半标品。半标品就是大家写的关键词是一样的，但实际产品却不一样。半标品其实就是标品走向非标化的过程。比如说男士牛仔裤，大家想象中都一样，也没有更多的关键词可以描述它，搜出来的结果基本上都是一样的，它的关键词数量不像标品那么少，但是也没有非标品那么多，大家搜索这个词的目的很明确，但其实需求又不完全一样。还有灯饰，也是典型的半标品，比如说搜索客厅灯饰，关键词都一样，但人们想象中用于各种场景的灯饰肯定也是不一样的。

关键词产品特点

既然关键词产品可以分为标品、非标品和半标品，那么这三类产品在流量上分别具有什么样的特点呢？

先说标品。标品的关键词特别少，可能最多就三四个词，所以流量高度集中在手机的第一屏。比如消费者要买一次性水杯或者 A4 纸，他会翻五六页去反复对比吗？肯定不会，因为产品属性都差不多，品质也差不多。标品的流量是一个典型的锥形结构，上面排名越高的流量越大，越往后越少。其实排名靠后的产品和排名靠前的产品本质上没什么区别，但是因为大多数消费者只会浏览前几页，所以前面的展示量很大，越往后越少。

再来看非标品。非标品的流量呈现出比较分散的状态，所以非标品的品类特别依赖日动销和月动销，也就是说，消费者不可能通过某个单一的关键词来购买产品。举个例子，消费者在搜索连衣裙的时候，绝对不可能在搜索结果的第一页就下单，她可能会看很多很多页，不断地对比，不断地排除同款，甚至可能对排名靠后的连衣裙下单概率更高。因此，对非标品来说，销量排序第一名未必能够获得最多的流量。也就是说，非标品需要按照动销的逻辑来布局店铺，所以它的流量是分散的。

最后是半标品，半标品同时兼具标品和非标品的特点，所以在产品布局上它更倾向于非标品，而在流量运营上则更倾向于标品打爆款的方式。

关键词产品判断

怎样去判断一个产品是标品、非标品还是半标品呢？

首先看产品特性。一般来说标品更注重产品的功能性和实用性，非标品更注重产品的外观性和多样性。即标品看功能，非标品看款式。

一件产品，客户在买它的时候根本不在乎它的外观，只注重它的实际功能，这种产品一般都是标品。比如面膜，面膜是敷在脸上的，不管它是盒装的还是瓶装的，不管它是用刷子涂还是用手抹，客户买它的目的都是为了保湿补水，只会在乎它的功效而不是外观。所以面膜就是典型的标品，也就是说，搜索关键词越偏重于功效就越有可能是标品。

非标品则正好相反，客户在购买非标品的时候，有可能根本都不会注重它的实用性，就只看它的外观是否好看。比如女装，客户喜欢某个款式就是喜欢，不喜欢怎样都不会喜欢。

半标品就是既看功能也看款式的产品。如果客户会先看功能再看款式，这说明它是半标品中的标品，比如家具中的床。如果大多数客户都主要看功能，偶尔看款式，这说明它是半标品中的偏标品，比如女士牛仔裤。如果客户首先看的是款式，再看功能，这说明它是半标品中的非标品。

有四种方法可以区分这三类产品：

第一种方法是看关键词数量。标品的关键词少，半标品的关键词比标品略多，比非标品要少，非标品的关键词最多。所以搜索入口最多的就是非标品，其次是半标品和标品。

第二种方法是看品类词。搜标品的时候客户只会搜品类词，不需要更深刻的描述，比如说置物架、一次性水杯、红豆薏米粉；而当客户搜功能功效词的时候，说明它已经从半标品开始偏向于非标品了，比如美白面膜。如果描述的是分割词，它就是半标品当中的非标产品，比如北欧风吊灯；而如果描述的各类属性词非常多，那么就叫非标品，比如连衣裙。

第三种方法是看视觉效果。做标品的店铺页面和产品页面一般都没有特别好的视觉效果，但文案却非常直观有效，因为客户不会在乎这类产品好不好看，只会在乎功能是不是他们想要的。做非标品的店铺就正好相反，一般都会有令人印象深刻的视觉效果，通过环境氛围、灯光渲染、页面布局等元素来突出产品在外观上的卖点。

第四种方法是看流量集中度。客户在购买标品的时候，可能只会在前10名里面随便挑选一家购买，选好就不会再往下看了，没有人会为了买个钉子或喷壶还要浏览一二十个页面的商品；半标品的非标化产品，爆款一般比较平均，比如家具灯饰，能卖500件就算是爆款，能卖1000件就算是特别厉害了；非标品更不用说，基本上都是出自纯粹的动销型店铺。

综上，相信我们已经可以判别产品是标品、非标品还是半标品了。接下来我们还要辨别这些品类的流量成交在少数关键词上还是多数关键词上，以及关键词贵不贵。比如标品的关键词点击单价可能就要两三块钱甚至十块钱，而非标品的关键词的点击单价可能就在一块钱左右。如果一个商家说他的关键词点击单价需要八块钱，那么他一定是做标品的。

接下来就应该针对不同类型的产品来做运营上的思考，因为它们所附带的关键词也决定了不同类型产品在攻略上是完全不一样的：如果是标品，就要打阵地战，用大爆款战略；如果是半标品，就要打海选战，既要注重选款，又要注重打爆款；如果是非标品，就要打动销战，要特别注重选款和风格关键词的覆盖，然后实现动销。

21

流量与产品分类

前面讲了流量和市场的关系、流量和产品的关系，也介绍了标品、非标品和半标品这三种产品的分类。那么，在整个电商系统和平台算法里面它们是怎么运作的呢？它们各自的流量特点和运营规律分别是什么呢？本节将逐一探讨这些问题。

标品的流量

标品打的是阵地战。标品的关键词非常少，关键词少意味着搜索入口单一、流量不精准。标品要获得流量，就一定要打爆款，把流量高度集中到这些关键词上，并且把它们抢到手，因此标品特别注重词效，点击转化率必须要过关。卖标品的商家资金一定要雄厚，因为卖标品的商家都喜欢运用战略性亏损策略，标品竞争都是特别猛烈的，不仅要砸钱冲量，还要砸钱做广告。

标品市场可以说是"易守难攻"。如果能做到行业第一，只要防守得好，可能接下来的几年都会是第一，因为冲顶的难度太大了。如果一个标品性价比高，爆款多，那说明做这个标品的商家肯定在这个市场上努力了很久，一旦冲上去，最少半年之内商家都能够守得住市场份额，就算遇到有威胁性的产品也不会遭遇太大冲击。

标品的非标化是一条重要的出路。标品的价格和转化率都差不多，对于很多标品来说，价格上低 10 元钱左右，就有可能置一大批竞争对手于死地，同质化严重导致这一品类竞争特别激烈。标品之所以叫标品，就是因为它们的价格、卖点、品质、点击转化都相对标准。标品的品质都是差不多的，所以标品的非标化只能在价格、卖点、点击转化这三个点上下功夫。首先，价格是最具有杀伤力的，因为消费者在购买标品时特别愿意比价，没有人愿意花 10 元钱去买 1 元钱就能买到的同款水杯。其次，卖点是标品文案的核心，一个有新意的卖点有可能让一个产品起死回生。比如方向盘是标品，但如果我们说这是赛车手级别的方向盘，那消费者肯定更愿意卖我们的产品。最后是点击转化，如果别人的点击率是 2%，而我们能做到 3%，我们就会比别人多一些流量。标品的未来出路一定是非标化，如果大家卖的杯子都一样，我们稍微做得有点国潮风，就可以卖得好；收纳盒的外观都差不多，我们去和小黄鸭联名、和迪士尼联名，也可以卖得好。

标品的流量高度集于爆款，标品店铺的流量高度集中在少数产品上，所以店铺标签由它的单品标签决定，卖标品的一般单品运营比重要大于整店运营。标品有一个固定的公式：标品爆款 = 强产品 × 好运营 × 重资金。同样都是卖狗粮，但如果在狗粮里添加了 Omega – 3 脂肪酸，产品就变成了强产品，此时如果再有一个会打造爆款的运营，加上资金到位，那么产品就很容易成为爆款，销量上去了，店铺也就做起来了。

非标品的流量

非标品打的是布局战。因为非标品的流量入口比较多，客户不可能只看一个关键词就达成交易，相对于标品用一个产品来满足所有人，非标品就是用不同的产品来满足不同的人。所以非标品要想获得大流量，就需要覆盖不同的人、不同的风格、不同的需求。

非标品在整套系统中的运营规律：非标品的关键词都特别多，关键词多说明客户对它的需求多样，非标品客户的浏览深度普遍比标品客户要高，因为他们会仔细地去浏览各种店铺下各种产品的各种款式。同样地，关键词多意味着搜索入口广泛，因此，非标品开直通车都要在关键词里加很多词，因为只有这样才能丰富流量入口，广告费才花得有价值。非标品的流量呈现出的是一个扇形，与一个小爆款加一群基本爆款的流量结构相差不多，在非标品店铺的产品不是只有一个高度集中的爆款，而是一群高动销的产品加一群平销型的产品。

对非标品来说，爆款的宽度是最重要的。如果某一商家卖的产品款式特别小众，那大概率是做不起来的。爆款覆盖的人群广度决定了这个产品能否获得更多流量，因为它的搜索入口广，众商家就不会对一个词死磕到底。比如连衣裙，众商家不会去抢连衣裙这个词，而会去抢更加细分的词比如碎花连衣裙，也就相当于大家都避开了竞争，点击单价就比较便宜，所以二三级词对非标品来说更为重要。在非标化的产品成交的关键词中，二三级词占比较大；此外，非标品的运营节点也很重要，再强的运营，也无法在夏天把棉被做成爆款，或者在春节把月饼做成爆款。

非标品的款式变化速度特别快，所以做非标品的商家都很注重速战速决。标品没有时间节点，只要做出了爆款，那么可能过了三四个月甚至半年，爆品也还是它；但非标品是有明显时间节点的，要不断地选款、测款、打款，然后下一个周期再继续重复这个过程。非标品就是靠漂亮新颖的款式来吸引客户，当这个款式过时的时候，它的流量自然而然就下降了。

非标品的产品是多元化的，无法靠一个产品满足所有人，必须靠很多个产品满足很多人，因此产品的价格悬殊是很大的。同样一款连衣裙，有人卖89元，有人卖189元，还有人卖289元。很明显，非标品价格的弹性系数很大，转化率波动也很大，因此进来的流量也不会特别稳定，除非店铺层级比较高。

可以说做非标品靠天赋，做标品靠实力。非标品不是有钱就能做好的，需要十几年的选款经验、对热门款式的洞察和把握能力，以及与客户的心理博弈。非标品爆款周期的轮换很重要，爆款下面必须要做产品关联和流量嫁接。此外，人群定位必须明确。物以类聚，人以群分，非标品店铺的风格和客户人群一定要是垂直的，也就是所谓的"人群为群"，要聚焦在某类风格的人群。类似还有一个"全店为全"，指非标品店铺最重要的指标是日动销和月动销，并不需要在一个单品上耗费过度心力。

标品的流量集中在产品上，而非标品的流量集中在人群上。所以非标品运营的核心是人群、产品和布局，具体来讲前三个层级（流量的层级具体见第24章）的非标品店铺需要做好人群精准、视觉匹配、选款选词、抓住节点；而三层级以上的店铺还需要做好产品布局、爆款关联、定价覆盖；到了第六层级以上，店铺市场大开，此时还需要做好库存管控，完成鱼塘建设，进行粉丝回流和私域沉淀。

半标品的流量

所有的商品都将从标品走向非标品，而中间有个必经的过程就是半标品。半标品其实就是标品和非标品的过渡阶段，对半标品类目的运营用一句话可以概括：产品上学习非标品，运营上学习标品。半标品打的是"地形运动战"，它靠高点击率占领有利地形，然后靠强产品攻到山顶，由此完成群体动销包围山口，形成流量的聚合。

半标品的规律：首先半标品关键词不多但款式丰富，比如灯饰、家具、文胸、摆件等；半标品的关键词比标品多一点，但没有非标品那么多，比如客厅灯就是客厅灯，壁灯就是壁灯，最多加个宫廷风、复古风之类的属性词。这也意味着半标品的搜索入口较为单一，因此它的流量也是锥形的，是按照销量排序的，流量跟着层级和销量排序走，销量排序越高，层级越高，流量就越大；半标品的点击单价也不低，但是没有标品那么高；半标品的词效要求也高，点击转化也必须要高。在这一点上，半标品和标品有个很大的区别，那就是半标品词量不大，每一个词占有的流量都很有限。

相比于易守难攻的标品市场来说，半标品的市场是很难守的，因为销量差距不大，别人冲上来也很容易。而半标品关键词很少，款式却多的特性就表明，别人只要稍微在产品款式上做一些改进，就可以淘汰掉旧商家。比如卖灯饰的，去年流行的是欧式宫廷风格的，今年可能就流行美式乡村风格了，明年可能又流行北欧简约风格……每一年都有可能会变。就算知道关键词还是客厅灯，但是流行的款式变了，老款已经销量不佳。那么半标品市场应该怎么防守呢？首先应该在产品布局上下功夫，不断开发各种各样的新款式，非标化意味着价格差变大了，点击波动也变大了。因为款式多，客户更喜欢点击链接进入商品详情界面去浏览，所以铺款要向非标品学习，从优中选优，集中力量把这些款打成爆款。其次要以产品款式为主，以图片文案为辅。产品要精致，款式要丰富，图片要有冲击力，文案要有差异化，整个店铺要形成统一明显的风格。

半标品是未来电商类目中出路最广，也是市场前景最安全的，因为它不会过度依赖于大爆款，同时又能实现动销，偶尔还有产品创新，利润率也还不错，不会轻易陷入价格战。

22

流量与标题

在电商平台上，如果一件产品要获得比较好的展现效果，它的标题优化就非常重要，因为它被平台80%以上流量自动识别的依据就源自于标题优化，这是电商能够用最低成本获得免费流量的一种方式。标题里写什么词、用"大词"还是长尾词、有没有间隔、顺序是什么……如何优化标题决定了我们的免费流量能有多少，这也是电商平台最基本的运作原理。

所以理解产品标题对流量运营来说非常重要。标题的本质是什么？高权重标题是什么？标题该如何选词？本节将从这几个角度入手，来探讨流量和标题的关系。

路径组合

我们去图书馆搜索《平凡的世界》这本书，首先能找到它的作者是路遥，再搜索路遥，又能找到路遥的其他作品，以及与《平凡的世界》类型相近的作品。比如《人生》《白鹿原》等。为什么呢？因为它们跟《平凡的世界》带有同样属性的关键词，要么书的类型相似，要么是同一个作者，所以在搜索的时候更容易被触达。

所以标题的本质就是消费者找到产品的路径组合。消费者搜索某种产品，实际上是通过这种路径找到了某一类产品。

很多人都认为，现在电商的直播带货、广告投放等引流手段层出不穷，相对于产品本身、店铺层级和运营手法，标题对流量的影响已经越来越小了。但这种看法并不完全正确，因为只要搜索电商还存在，标题对流量就仍然具有不可小视的影响。尤其是对于前期的卖家来说，没有那么多的资金和实力打广告，标题就是一个很重要的能够获得免费搜索流量的方式。例如当用户搜索甜品的时候，不管是在抖音、小红书还是淘宝上，结果一定是展示的甜品而不是其他。也就是说，如果一个产品的属性和类目都和甜品无关，那么就不可能出现在搜索结果里面。换个角度理解也是一样，同样是卖芝士，A商家只是在产品属性里写了它是芝士，而B商家直接在标题中就写上芝士，那显然B商家的搜索流量就会比A商家大得多。

高权重标题

整个电商平台实际上是一个大的信息检索系统，它会根据产品的关键词来给卖家分配对应的流量，因此高权重的标题是获得免费流量的关键因素。那么高权重的标题该怎样选词、怎样组合呢？或者说，让消费者触达产品的搜索路径有几种呢？

有一部电影叫《人在囧途》，讲的是主人公李成功在春运期间从石家庄回长沙的经历。我们可以把李成功回家的旅途看成是消费者搜索并触达产品的过程，而他选择的交通方式，就是标题的选词和组合方式。春运则代表当前电商竞争激烈的大环境。

影片中李成功想要从石家庄回长沙过年，首先，他提前订好了机票坐上了飞机。在所有交通工具里，飞机无疑是最快的，它能够在短时间内从某地到达另一地点。在电商中，我们常把类似飞机一样的权重高、起流量快的词叫作飙升词。例如2021年的冬奥会爆火的"冰墩墩"，所有人都熟知这个词，只要进行搜索，无论有没有前缀后缀，都能够第一时间匹配到。但是万一飙升词跟我们的产品匹配度不够高怎么办呢？我们再来看看，电影里李成功选择了改乘火车。我们都知道，火车运行稳定，停靠站点多，发车、到站时间比较精准，在所有交通工具里，火车的载客量是最高的。那么，在电商中，类似火车属性的选词我们称之为热点词或者精准词，它很清晰地排除了其他路径，能够非常直接明确地快速到位。假如某一商家专门卖狗粮，他把产品标题描述为"泰迪专用狗粮"，而他的同行则将产品标题描述为"狗粮"，那么一旦消费者搜索"专用狗粮"或者"泰迪狗粮"，那么他的产品一定会比同行更优先地展现在消费者面前。

再往下看，李成功乘坐的火车在武汉附近被塌方所阻，于是他就近上了一辆广水到汉口的中巴，没过多久又遇上了堵车，司机改从乡村小道抄近路，这条路不再拥堵，没那么多人走了。这时李成功的行进路径已从铁道改成了乡道，也就是说，此时，我们的选词已经变成了竞争度较低的词。仍然使用卖狗粮的例子，狗粮专卖商和他的同行都在标题里写上"泰迪专用狗粮"，但狗粮专卖商又在标题加上了"富含维生素有助于免疫力"这几个字，那么无论消费者想要搜索"维生素狗粮"，或是"狗粮、免疫力"，这个狗粮专卖商的产品都会优先于同行展现出来。

继续往下看，电影里李成功开着中奖的汽车，中途却不慎翻车，于是弃车徒步而行。经常旅行的人都知道，自驾和徒步是相对灵活的出行方式，能够随时自由地变通。而在电商的产品标题中，也有这种综合性强、拆分度很好的词，就像立交桥一样，可以融合和覆盖各种各样的成交入口。例如"牛仔裤男"和"男牛仔裤"，谁的流量入口更大、转化率更精确呢？"男牛仔裤"能够拆分出来的词就只有"男裤"，"男裤"是个"大词"，流量并不精准。反观"牛仔裤男"，能够拆分出"牛仔裤""裤、男"，除了"裤、男"可能搜索量较少，其他的词流量都很精准。因此二者相比，肯定是使用"牛仔裤男"的标题比使用"男牛仔裤"的标题流量更好。

影片的最后，李成功在国道上搭了一辆运货车，在年初一回到了长沙。国道是什么路呢？是宽阔畅通的大马路，是平时开60迈[○]而现在能开120迈的路。路宽的词是指大多数人都会说的词，也就是展现度高的词。

纵观整部影片，在春运的大环境下，李成功先后选择了飞机、火车、巴士、自驾徒步、搭车的交通方式，最终到达了目的地。那么回到电商上来，电商里具有高权重路径的标题，无非也就是这么几种：飙升词、热点词、竞争度低的词、拆分度好的词、展现度高的词。

标题选词和修改

高权重标题要怎样选词呢？从后台的生意参谋打开市场中的搜索选项，输入核心关键词，进行关联分析，分析那些飙升词、热点词，尤其是蓝海词。蓝海词是指搜索指数高、商品在线率低的词。

事实上，很多卖家的标题选词和分析结果都是不相符的，如果产品已经展现了一段时间，有了一定的权重，那么最好的办法就是及时修改标题。一般产品的标题，无论怎么修改、何时修改都没有太大影响，因为它本身销量并不多。但如果是爆款产品，想修改标题就一定要谨慎了，因为爆款产品的标题变化将会直接改变它的流量。为了将这种影响降到最低，可以在它流量最少的时候修改。此时销量已经跌到底部，我们的标题改得好与不好，给产品带来的是正面影响还是负面影响，通过标题修改后的效果立马就能反馈出来。如果改完之后销量快速增长，流量在增长，转化在增长，成交在增长，就说明标题改得很成功。

纸上得来终觉浅，绝知此事要躬行。一个真正的电商人，一定要在理解规律核心和底层逻辑的基础上，亲自去验证这些选词路径的组合方式，尽量选择上面提到的几种词：飙升词、热点词、竞争度低的词、拆分度好的词、展现度高的词。

○ 1 迈 = 1.61km/h。

流量与标签

在碎片化的流量时代，标签和流量的关系，就好比打靶一样，手里的枪就是标签，面前的靶就是流量。从前用的枪是机关枪，嗒嗒一通乱射，100发子弹里面总有几发能够命中的。但现在子弹不够了，浪费不起了，只能把机关枪换成狙击枪，精确瞄准，才能尽可能地提高命中率。标签的出现就是为了解决流量精准度不足的问题。

能够符合标签并强化标签的可成交流量叫作优质流量。标签越精准，流量越优质。优质流量通常具备三个特征：符合标签、强化标签、转化和纠偏。

符合标签

能够符合标签的流量才是优质流量。商家不需要不优质的流量，只需要能够符合店铺人群画像的流量。比如，某商家是卖袜子的，却引来爱好文玩的人群的流量，那这样的流量是没有任何作用的。举个例子，同样一碗面，在菜市场旁边卖10元，在机场里面可以卖50元。一碗面到底值50元还是值10元取决于不同的市场选择，但如果在菜市场旁边卖50元一碗的面，销量可能并不理想，因为菜市场的流量标签难以和50元一碗面的价格区间相匹配。所以流量要精准，跟店铺的标签要符合。

强化标签

能够强化标签的流量才是优质流量。有的客户在搜索关键词之后购买了某种产品，他还会对这个产品进行收藏、复购或者推荐，这些行为都可以让更多相似的客户看到这个产品和店铺，从而带来更多的流量和转化，这就相当于是一种裂变式的流量复制，从根本上说，这个客户的流量就起到了强化标签的作用。从搜索到购买再到复购的行为实际上就是"标签—流量—强化标签—优质流量"的闭环。

强化标签为什么会让流量变得更加精准呢？举个例子，A 和 B 买了同样的一款连衣裙，但 A 搜索的关键词是"长款碎花连衣裙"，而 B 搜索的关键词就是"连衣裙"，那么 B 对长款碎花连衣裙这个标签的强化作用就比 A 要大，因为平台会认为 B 不仅能够成交长款碎花连衣裙，也能够消化更多不同连衣裙的关键词，平台会根据 B 这类人群的画像把类似的人群都抓出来，以后这类客户搜索连衣裙这个关键词，就会优先匹配给她们长款碎花连衣裙的搜索结果。

转化和纠偏

符合标签和强化标签对流量来说具有加持作用，但并非核心要点，成交转化才是标签是否精准、流量是否优质的最终衡量标准。这和企业发展是一个道理。很多企业喜欢盲目扩张，结果规模越做越大，产品越做越多，赚的钱却越来越少。这是因为利润率太低，有规模却无利润。凡事贵精不贵多，量太多了好事就成了坏事。

很多店铺的流量很大，但是成交转化率却很低，总结起来无外乎六个原因：流量不精准、产品页面不清晰、基础销量不够、卖点塑造不够、评论管理没做好、定价不合理。其中流量精准度是最关键的。

标签往上分是店铺标签，往下分是行业标签，中间是产品和人群标签。其中店铺标签是由爆款标签、品类标签、价格标签、人群标签、入口标签和历史标签组成的；行业标签包括品类标签、经营标签、流量集中标签，经营标签是指经营的口碑值和上新率；此外还有历史标签、实时标签和周期标签等，这几个标签会根据店铺的产品销售情况互相纠正，形成一整套循环校正系统。其中人群标签影响着成交标签，成交标签决定爆款标签，店铺中爆款标签影响着店铺品类标签，也就是说人群标签影响着所有其他的店铺标签，这就是这套系统的运作和纠偏原理。流量不精准就说明标签出了问题，而纠偏可以让人群变得精准。

所以，标签其实是精准匹配和成交转化的核心。当店铺流量起不来的时候，首先，要考虑标签是不是混乱。打开后台的生意参谋，首先看看访客分析里面，购买访客、未购买访客和新买访客在最近七天之内的人群画像是否一致。如果这三个标签都不一样，那说明有刷单行为导致标签混乱，因此流量进来的就不精准。这三个标签差别越大，说明流量越混乱。反之，差别越小，则说明流量越精准。其次，看看店铺标签和单品标签是否一致，尤其是卖非标品的，如果这两者差异较大，就说明单品的人群画像和整个店铺的人群画像不一致，标签混乱了，流量也就起不来。另外，标签在不同的品类是有不同作用的，所以也需要理解标签的差异性。例如对于标品来说，最重要的标签是关键词成交标签，因为标品没有明确的人群分类，也就没有明显的人群标签，像一次性水杯、湿巾这种商品，产品的关键词集中程度就要比人群画像重要得多。而对于非标品来说，最重要的标签就是人群标签，其次才是成交关键词标签，因为非标品是用不同的产品去满足不同的人，客户人群差异化很大。

举个例子，月饼这一产品在每年中秋节的前 28 天到前 14 天就已经开始爆卖了。一般做月饼的商家在中秋节的前两个月左右就要开始准备推广，前一个月左右就会开始打爆款。2021 年，有一个做月饼的商家由于在产品包装上做了升级，进度不够理想，导致同行都开始打造爆款了他还没有开始推广，足足比同行晚了20多天，此时同行的基础销量已经起来，纷纷投钱做广告往前冲排行，就等着中秋节到来的前14天销量开始暴涨。如果我们是这个商家，我们要怎么办呢？

要知道，月饼是典型的标品，最重要的标签就是关键词成交标签，因此这个商家选择的打法是强标签战略。虽然产品上市比较晚，但他第一天花了5万元的引流费用，第二天花了20万元，第三天花了50万元，到了第七天的时候，平均每天都要花掉100多万元。别人做付费推广都是一点一点往上投入的，而他是递增式地去投入，且这么多费用都花在了一个关键词上。这个关键词是跟他做的产品包装精确匹配的，他的产品包装盒做了升级，产品是有差异性的，强占比和差异性，再加上投入大量资金去运营，都非常符合标品爆款的打造方法。一套流程下来，他的标签强度明显高出了行业水准，也就是说关键词成交标签非常精准。所以他的产品虽然进入市场的时间短，但销量一路上涨，一直飙升到了行业第一。中秋节前短短15天，他就收获了1000万元左右的业绩。

所以，标签决定流量，标签的强度、标签的广度、标签的精度是流量运营的三大入口。标签的强度就是强标签的成交维度高于别人，标签的广度就是标签覆盖的人数，标签的精度就是标签的精准度。

流量与分层

同样一家连锁店，开在一线城市和三线城市的利润率是完全不一样的，因为城市的层级不同；同样的知识，给小学生科普和为大学生讲解，效果也是完全不一样的，因为理解能力的层级也不同。可见在某种程度上，任何事物都可以分成不同的层级，流量也是如此。

流量的层级反映了流量的密度，以天猫为例，平台将所有的天猫商家分成七个不同的层级。这七个不同的层级是怎样划分的呢？它们的特点分别是什么？怎样实现层级突破？本节的内容是流量与分层，我们也将从三个方面来分别探讨。

流量的七个层级

如果用城市的行政级别来对标流量层级的话，那么第一层级就相当于村庄，第二层级相当于乡镇，第三层级相当于县城，第四层级相当于县级市，第五层级相当于地级市，第六层级相当于省会，第七层级则相当于超一线城市。那么如果我们负责调配城市资源，会把有限的资源分配给谁？肯定是优先分配给超一线城市。超一线城市再把资源分配给本地的龙头企业，因为政策优先关注的是纳税大户。

资源分配的原则是资源利用率，同样的道理，流量分配的原则就是流量利用率。平台根据流量利用率的不同把商家分成了七个层级，这些层级的流量密度是不一样的。一二三层级的称为底部商家，四五六层级的称为腰部商家，第七层级的称为头部商家。第七层级的商家大概占 1% 左右。平台流量分配的战略逻辑就是：扶持头部商家、稳定腰部商家、照顾底部商家。也就是说平台重点扶持的对象一定是头部商家，在一二三层级的店铺，平台会给予适当照顾，就是会分发一些测试性的不稳定的流量，这类流量带来的点击和转化都不稳定。

具体从流量分配的角度来讲，平台会将 40% 左右的流量给第七层级的商家，这些给头部商家的流量都是优质流量；还有 40% 的流量会给四五六层级的商家，这些给腰部商家的流量是精准流量；最后 20% 的流量会给一二三层级的商家，这种给底部商家的流量是测试性流量。头部商家占比只有 1%，但是却能拿到 40% 的流量，而底部商家占比最多，却只能拿到 20% 的流量。淘宝店铺层级的数量和流量占比如图 24-1 所示。好比一二三层级这个区域使用的是 3G 网络；四五六层级这个区域使用的是 4G 网络；而第七层级使用的是 5G 网络。

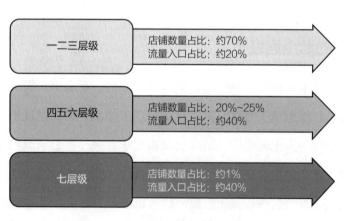

图 24-1　淘宝店铺层级的数量和流量占比

爆品、爆品流量率与流量宽度

从第一层级到第七层级，中间有 12 道关卡：产品上新—销量破零—显性标签—流量集合—爆品稳定性—爆品增长性—坑产贡献值—爆品群形成—品类宽度—资源力度—壁垒高度—认知深度。一二三层级拼的是爆品，四五六层级拼的是爆品的流量率，第七层级拼的是市场，也就是流量的宽度。

既然层级对流量有一定的影响，是不是层级就决定了流量获取的多少呢？并不是。层级只是决定流量的天花板，并不能决定能否获得更多的流量。就好比在某地级市开一家奶茶店，全市的人就那么多，消费力也就那么多，流量也就那么多，所以天花板也就那么高。但是能不能在全市获得更多流量，完全取决于店铺的经营水平和选址。所以层级只是决定流量上限，不决定具体的数和量。

那么业绩提升会使流量提升吗？如果从第三层级提高到第四层级，免费流量会提升吗？原则上会，但事实上未必。为什么呢？打个比方，在某县开奶茶店和在某市开奶茶店，原则上来讲肯定是市里的奶茶店更容易做大，因为人流量更大，消费客单价更高，更容易赚到钱。但是，同样地，它的竞争也大，因为开奶茶店的人多，所以对口味要求更高，并且门店也要装修得更漂亮。而在县城里面，房租便宜，没有多少人开奶茶店，所以在这里开奶茶店同样也能赚到钱。也就是说，从第四层级突破到第五层级，免费流量有可能不升反降，因为跃升了一个层级之后，有可能第五层级的竞争对手更强了。对手变强了，而我们在原地踏步，那当然不可能获得更多流量。所以层级的上升和流量的上涨没有必然性的关系，层级上升之后，原则上流量是会上升的，但如果竞争力跟不上，流量也会下滑。

很多商家拼命做推广，流量却还是上不去，这时候就要考虑是不是层级压制了流量。打开后台的生意参谋，对比一下店铺的访客是不是高于同层级的优秀同行，如果是，那说明我们的层级被限流了，店铺确实有必要突破层级了。反之，则说明层级对我们的流量限制并不严重，还没必要突破层级。

层级突破逻辑

如何才能实现店铺的层级跃迁，从第一层级逐渐做到第七层级呢？

首先从流量分配的角度讲，一二三层级拼的是可能，拼的是点击；四五六层级拼的是效能，拼的是转化；第七层级拼的是产能，拼的是产品力。意思是，在一二三层级，只要让平台觉得我们可能卖得好、我们的点击率比别人高、我们的点击增长率很快，它就会认为我们的选品正确，并给我们流量让我们打出爆品；到了四五六层级，大家都能打出爆品了，这时候平台会开始关注我们的效能，我们的消化效率比别人快、我们的增长性比较明显、转化增长率比别人高，那就意味着我们的流量利率更高，说明我们在这个品类里更有潜力，更有竞争力，所以平台的流量就会向我们倾斜；而到了第七层级，平台更关注我们的综合实力，因为它希望我们的产能很大，能够承载更大的流量。

其次从产品和运营的角度讲，一二三层级靠的产品升级和细分市场；四五六层级靠的是爆品布局和精细化运营；第七层级靠的是壁垒建设。在一二三层级的时候，必须要模仿和迭代，要寻找 2.0 版本的产品，要么升级，要么找细分市场；到了四五六层级，就要开始在品类的选择上下功夫，如果店铺的品类非常单一，只有一个爆品，那么卖家想突破层级，是一件很有难度的事，除非卖的是大标品。层级越高的卖家，品类越不单一，尤其是做到第六层级以上的，其产品甚至都可能是跨类目的。因为店铺标签是为了匹配更多的免费流量，但是随着层级的提高，层级本身就会带来很多的流量。在前期的时候，店铺精准度越高，能拿到的流量越多，而层级越高，平台会认定店铺对流量的消化更强。每上一个层级，卖家的免费流量就会自动放大一部分，层级越高的店铺，经营的品类就越广，所以四五六层级的店铺要靠品类布局来完成转化系统的升级；而到了第七层级，品类已经做得极具多样化，店铺要么人群覆盖度广，要么品类覆盖度广，对大流量都有很好的承接能力，此时需要做的是构建坚固的行业壁垒来保持自己的核心竞争力。

行业的大盘数据显示，层级跃迁是有一套规律的：在一二三层级的时候，要注重产品升级、选择细分市场；在四五六层级的时候，要实现从效能到产能的转化；在第七层级的时候，要保持核心竞争力和产品宽度。

25

流量与增长

如今的电商，是在存量市场中争夺流量，还是在增量市场中迎接流量？只有弄懂这个问题，才能决定接下来的流量战略。增长的本质是降低用户路径的阻力；而流量的本质则是产生商业价值。在当前的存量时代，拥有流量是基础，寻找增量才是突破。想要获取高质量的用户增长，就必须采取正确的分析策略来指导买量投放。本节主要讲述流量增长的两种策略。

策略一：新品策略

新品的定义就是新一代的产品，涵盖新包装、新颜值、新设计、新功能等。新品流量是指平台为了扶持新品所产生的流量，也就是通常所说的新链接。

平台认为有节奏的上新代表着商家的持续经营能力和企业的产品规划能力，为了鼓励商家的创新和建立持续吸引客户的货品系统，就会对新品给予扶持流量，也就是新品流量。

每一个新发布的产品都会有一个崭新的 ID，系统会根据这个 ID 判定它为新品。当它上新之后，系统会给它一个流量测试包，也叫原始展现包。然后系统会根据它的点击转化、加购收藏来判断它在行业中的新品表现力，以及有没有潜能。如果判断结果为有，那么免费流量的获取就会变多，反之则会变少。通常在 7 ~ 14 天的时候，新品已经有了一定的基础，流量开始多起来了，这时候系统就会看它的点击率、点击量和点击增长量是否优秀。如果数据不错，接下来的流量获取将会变得非常顺利，所以在这个阶段最重要的是增加搜索入口，做好广告费递增，从每天 100 元，到 300 元，到 500 元，到 700 元，再到 1000 元……付费循环上升。一旦后台提示转化率很好，就要立刻做新品标签递增、强化核心标签的递增。如果在新品扶持期能有一个很明显的标签，成交的时候就算是达标了。一旦达标，流量就会趋于稳定，也就是说新品通过流量扶持提升了销量。反之，如果浪费了对新品的流量扶持，后面再想卖起来就有一定的难度了。

上新率就是店铺 30 天内上新的次数。以一天为一个单位来计算，如果 30 天里面有 20 天在上新，那么上新率就是 66%，如果一个月内每天都在上新，那么上新率就是 100%。上新率在平台考核中不是最重要的权重，一般达到 30%~40% 就比较好了。当然最终还是要看流量利用率，凡事贵精不贵多，如果浪费流量，上新率再高也没用。如果多次上新都没有好的反馈，反而会失去新品的流量扶持。比如连续性多次上新（原则上是四次），但上新的转化率都很差，没有什么流量消耗能力，系统就会认为这家店铺的选品能力不够，浪费平台展现，就会暂停一个月的新品扶持。也就是说我们第五次再上新的时候，就拿不到新品扶持流量了。

上新最重要的动作是破零，如果过了七天销量都无法破零，就说明这个产品是店铺的无效上新，连续很多产品无效上新，就拿不到新品的流量。如果想要当天破零，可以在产品页面上写首单五折。如果上新后多日都没有成交，上新就没有任何意义了。

另外，在特殊时期需要更频繁地上新，因为上新还可以激活权重体系。比如前几年，因特殊原因，很多商家不能发货，很多地方流量下跌。这时各商家就要做好反攻的准备，因为所有商家的流量都下滑了，说明自身与竞争对手的差距也缩小了，所有人退回了同样的起点，所以在此期间要多准备一些新品，一旦物流恢复，就可以通过上新来快速超越对手。

综上，上新可以获得优质窗口的展现机会，有利于多渠道运作，还可以激活权重体系，所以一定要注重上新，坚持"新品必须是精品，精品才能做新品"的新品策略。

策略二：花钱抢流量

流量不是花钱"买"的，而是花钱"抢"的。我们花钱买的其实是位置，用位置去跟别人抢夺流量，因此有时就算买了位置，也不一定会产生流量。因为流量是要靠抢的，所以要保证产品能抢流量，保证视觉设计能抢流量，保证做推广的时候要抢流量，赛道选择的时候也要抢流量。

商场如战场，竞争本来就是你死我活，抢就要有抢的姿态。要知道为什么去抢、抢的是什么，以及怎样去抢。首先抢的是时间，也就是优先在对手没有发现的赛道里面去拿流量。要在别人没有发现的市场去做，在别人没有发现的赛道去做，或者利用那些别人不会用的流量端口。比如别人只会开直通车，但我们还会开引力魔方，会用万象台。做生意做的就是时间差，抢流量抢的也是时间差。其次用费用抢流量。卖家 A 一天花 100 元在直通车上面，卖家 B 一天花 10000 元，就算他们的产品完全一样，卖家B的销量肯定能压倒卖家 A，因为卖家 B 给平台交的费用更多，平台收益更大，就会优先把流量给卖家 B。除非卖家 A 的产品差异化到极致，可以快速把销售额提升起来弥补流量上的差距。消费者在搜索产品的过程中，平台一定会优先展示付费工具而不是免费工具。最后还要靠优势来抢流量。优势是指压倒性的优势，比如我们的视觉比对手好，产品比对手强，性价比比对手高等。

如果类目竞争很激烈，流量都被别人抢走了，这种情况就叫竞店流失。在这种情况下，用直通车、引力魔方去截流对手店铺流量的时候，自身的流量还是起不来，即使付费买流量还是会被对手抢走。流量跟竞争的关系可以从两个维度来判断：定向拦截和品牌浓度。

举个例子，有一个卖文胸的卖家，初始产品定价只有 39 元/件，这个价格区间的竞争是非常激烈的。对这个卖家而言，想要提升流量最好的办法就是升级款式，并把定价上调到 100 元/件左右。因为大品牌的生产体系比较复杂，不会轻易升级款式，所以他的产品在款式上就有了竞争优势。与之相反的是一个做女鞋的卖家，直接把自己的产品定价到 399 元/双、599 元/双、799 元/双，因为像达芙妮这种老品牌不升级款式，或者款式升级很慢，所以他跟大品牌比，在款式方面有竞争优势。在 300 元/双以上的价格段，竞争对手就很少了，竞争少、款式好，大卖家又跟不上款式更新，所以销量就起来了。

在想办法获取流量时，卖家应加深对竞争度的理解。赚钱靠的是蓝海市场、断层市场、早期市场、上升市场、新兴市场、厚利市场，只有这种对手弱、对手少、对手给予很多厚利、对手能够起到引导作用的赛道才是好赛道。

流量与爆款

如果把电商中的爆款按照发展历程来分，可以分为以下三类：

第一代爆款叫资源型爆款。那个时候打造爆款相对来说成本特别低，只要产品有一定的差异化，做一下基本的推广和简单的优化，就可以得到很多流量加持，会匹配到很多资源。

第二代爆款叫技术型爆款。随着同质化的产品越来越多，抄袭爆款已经成为电商经营的常态。这个阶段打爆款更加考验的是技术，电商之间拼的实际上就是运营能力。

第三代爆款可以理解为新品爆款。这一类产品更容易通过搜索流量、自动分发流量把它打造成爆款。在碎片化的流量时代，第三代爆款已成为主流，如何去理解第三代爆款和流量的关系呢？如何打造爆款，爆款思维又是什么？这是本节将要讲述的重点。

树立全局观

爆品就是爆款，在标品里叫爆款，在非标品里叫爆品。所有运营的头等大事就是打爆款。运营就是整个产品的运作和经营，推广就是付费引流和广告投放。运营是需要有全局观的，需要从选品到产品的策划、视觉、点击转化、布局节点每一个环节的掌控，需要识别出哪些产品值得推，哪些产品能够成为爆款。通过运营这个岗位也能够理解，打造爆款一定不是一个单一行为。不是说广告费多，或者点击率高，就能够打造出爆款。

从双海选机制入手

前文已经讲过流量和标签、权重、产品市场的关系，最终目的其实都是要思考一个问题，就是流量到底是怎么获取的。这个问题的答案就是打造爆款。

一个店铺只有形成了爆款的布局，才可能获得稳定的流量供给，拥有精准的匹配标签。如果一个店铺连一个款式都没有卖起来，平台怎么知道它需要什么流量呢？给它什么流量能消化得更好呢？所以平台只能测试，这就是为什么一二三层级的商家流量有时候好，有时候不好，有时候用户人群准，有时候不准，有时候点击量能转化，有时候不能转化。如果一个店铺里面有一个爆款，店铺就会有明确的标签，平台就会知道应该把什么样的人群、访客、价位段、关键词成交分配给店铺。

平台的流量结构是一个具备马太效应的双海选机制，它会让卖得好的商品卖得更好，卖得不好的商品会越来越不好。一个店铺不管多厉害，卖得好的永远只有少数产品，不可能让这个店铺的全部产品都卖爆。电商贵精不贵多，所以爆款战略是电商的核心战略。全网数万亿个产品，仅连衣裙就有800多万种，甚至卖鞋垫也有20万个竞争对手，每一种产品里面只有5%左右的产品有机会变成爆款。也就是说，如果店铺有100款产品，可能只有5款左右的产品会变成爆款，甚至更少。

寻找爆款模型

作为一个流量分发池，平台对产品也做了类似于赛马机制的分级：

第一种叫滞销性产品，这类产品在平台里大概占25%。滞销性产品就是上架一个月都没卖出一件的，也就是上新之后在考核周期内还没有破零，这种情况叫滞销，或者无效上新。那么一旦扶持期过了，这种产品再想拿到流量就比较困难了，平台最多会给它一个非常小的入口，勉强维持展现，并且时间久了连展现都没有了。

第二种叫同质化产品。同质化是指要么同类，要么同质。这类产品在电商里面最多，约占60%。淘宝上有个功能叫找同款和找相似款，随便一搜索就能发现，大多数产品都有同款，相似款也数不胜数。在那么多同质化产品里面，消费者最终会选择哪个呢？这个时候就会产生一类高效产品，大概占10%。高效产品就是高效率获得流量的产品，同样卖船袜，同样获得1万展现，A商家能消化10单，B商家能消化30单，那显然B商家的流量获取效率更高，卖的是同质化产品中的高效产品，平台的流量就会向B商家倾斜，给予它高于行业标准的流量。

一旦产品具备了爆款的潜质，既是高点击又是高转化，然后增长速度也非常快，就可以被称为高位爆品。接下来它会在各种各样的排名里逐步往上升，展现量也会越来越大，最终变成爆款。

所以想要让产品承接平台分发的流量，就必须将产品规模化，形成巨大的产能。全网只有10%的产品有机会进入爆款的赛道，享受流量倾斜，只有5%左右的产品能被称为坑产规模较大、排名较高的爆款。剩下60%的同质化产品都是卖得很一般的平销款。

那么如何把产品做成这5%的爆款呢？就需要在同质化产品里面跟别人拼价格，拼广告费，拼淘客，拼刷单，70%左右的商家都是这么做的，这种做法赚的是辛苦钱。但是新电商的理念是要打价值战而不是价格战，要做的是产品差异化。比如同样是卖玻璃杯的，产品一模一样，我们该怎样向客户展示出我们的杯子比别人的杯子更好呢？这时，如果我们在这个杯子底下做一个像山一样的浮雕，一倒水进去，就浮现出一座山，甚至还能变色，和别人的产品做出差异，那不用我们做任何说明，在价格相差无几的条件下，消费者可能会更愿意买我们的杯子。

爆款战略可以说是电商运营中的第一号战略，当我们的爆款做到类目第一的时候，就会发现免费流量很多，广告费用很低。平台为了树立标杆，会给我们很多福利。产品排名越靠后，广告费越贵，流量越少；排名越靠前，广告费越低，流量反而越大。

复盘爆款模型

打造爆款要经过选择爆款、策划爆款、推广爆款这三个阶段。电商从一开始就要明确自己的使命：每年打造三到五个爆款，做出有规模、有利润的爆款，并且在这个基础上不断地复盘和调整，把这些经验通过复制运营传承下去，在团队里形成沉淀和认知。

怎么做复盘呢？那就是写爆款日志。爆款有没有打造起来，是怎么打造起来的，打造的过程是什么，原因又是什么……要让专业的团队把这些东西写下来，做成日志。

首先记下爆款产品是哪个产品，参与的人员有谁，爆款小组的人是谁，对标对手是谁，这个爆款赚钱的目标是多少，销售额是多少，利润是多少，以及最后这个爆款达到了什么效果，赚了多少钱，亏了多少钱。

接下来对它进行复盘，当时是怎样进行市场分析的？是基于什么做出这样的选款决定的？目标对手的优势是什么？破零花了多长时间？最后采用了什么样的定价？超越或超越不了对手的原因是什么？

其次还有上下架的时间，标题的写法，破零的方式，整个流量的推流方式，运营计划，点击转化的数据指标，评价端口、晒图端口、定价端口、逻辑页端口等分别是怎样影响转化率的？

最后还要分析打造爆款成功的原因是什么？而没有打造成功的原因又有哪些？每个人针对这个爆款总结出来的经验有哪些？

所以，只有不断地复盘，才能真正找到打造爆款成功或失败的根本原因，才能清晰地把控爆款打造的整个流程和逻辑。

电商布局运营实战手册

价格战的
底层逻辑

定价
策略

高价
模型

第四篇
价 格 战

高价
复盘

27

价格战的底层逻辑

老王是一家包子铺的老板，他的包子个大馅足，生意很好。他的隔壁也是卖包子的，但是生意一直比不上老王。没办法隔壁包子铺只能降价，老王卖2元一个，他就卖1.5元一个，老王卖1.5元一个，他就卖1元一个，总之不管老王卖多少钱，他总是比老王卖的低。很多客人图便宜去了隔壁。久而久之，隔壁的生意竟然超过了老王，老王一气之下把价格改为0.5元一个，这个价格连成本都很难收回，果然隔壁再也没法比这更低了，最后两家的定价都定在了0.5元，但是长时间的倒贴让两家店铺生存困难，最终两家店铺都只能倒闭。这个故事告诉我们，价格战的根本原因是同质化竞争，而价格战的最终结果是两败俱伤。

价格战是一场没有硝烟的战争，对于所有的参战者都是非常残酷的，即"杀敌一千自损八百"。同行之间互相压价、排挤、挖墙脚，这些扰乱市场规则和秩序的行为，从来都是无时无刻存在且无法避免的。最终恶性循环的结果只会是市场上的产品质量越来越差，供求双方两败俱伤。

价格战是场硬仗，打价格战是需要实力的。首先商家必须要亏得起，其次要有非常强大的产品动销能力，打造爆款的水平要很高。价格战的本质是让渡利润规模，是牺牲利润换取市场规模。用低价抢占市场份额，最终占据行业的绝对领导地位。打价格战的最终目的是为了守住这个位置，无谓的消耗是没有意义、有弊无利的。做电商不是为了置气，而是为了致富；不是为了发货，而是为了赚钱。部分商家打价格战会打出情绪来，一旦陷入情绪中就会无法理智地决策和判断。

为什么很多人都痛恨价格战，但却又不可避免地会陷入其中，还常常用价格战的方式去打造爆款呢？这就是本节将要探讨的内容：价格战的底层逻辑。

同质化和近似博弈

价格战产生的根本原因是什么呢？

前文提到过，搜索就是在精准表述想要的结果，搜索的本质就是近似产品的相互博弈，而电商平台就是在进行近似产品的搜索博弈。搜索会导致结果页面呈现的是近似产品，近似产品就会遇到同质化。一旦同质化，客户就占据了主导地位，商家就会比较被动。在差异化的前提下，客户无法看清行业真相，摸不透产品的共性，就无法形成价格共识。

比如文物古玩，大多消费者都不知道怎样分辨真假，他们潜意识里就会认为，贵一点的可能好点，更贵的可能更好，价格是他们唯一衡量文物价值的标准。但在市场出现同质化的时候，客户就能将产品的共性看得一清二楚，客户的潜意识里会形成产品的价格带，会自动设定一个中间价格，最贵不会过高，最低不会过低，并且他们随后就只会在他们所认为的价格带里选择产品，为了吸引客流量，商家就开始打价格战了。比如，在消费者的认知中，方便面就是2.5元/包，那么10元/包的方便面他就绝对不会再买了。

所以，近似产品搜索导致了产品的同质化，一旦产品开始同质化，价格就会成为客户衡量产品的标准，而一旦客户形成价格带共识，卖家就必须在客户规定的价格区间里卖产品，只能被迫打起价格战。

商品力模型

所有的商品在平台里面都有四个非常重要的商品力模型：价格力、市场力、动销力、贡献力。

（1）价格力。价格力是指在一个价格带里面，有没有更容易吸引客户消费的撬动力。也就是在同样的一堆产品里面，我们的价格有没有竞争力。有竞争力的产品不一定是低价产品，有时候高价产品会更有竞争力。

（2）市场力。市场力主要指的是点击值，也就是点击量、点击率和点击增长率。点击值大，说明产品选款正确，市场范围大，能够获得更多的访客量和转化率，是受市场欢迎的产品，市场力高。

（3）动销力。动销力是指动销率、动销深度和动销增长率。比如某店铺有100种产品，有90种都动销，动销率就是90%；另外，动销时间是7天、14天还是30天，不同类目又是不一样的，它反映了选品的成熟度。如果某店铺备了1万件某产品的库存，到月底的时候发现只卖了2000件，那说明该店铺的动销深度不够。如果A店铺今天卖100件产品，明天卖200件产品，后天卖300件产品，而B店铺今天卖200件产品，明天卖200件产品，后天还卖200件产品，这两家三天都卖了600件产品，但很显然A店铺比B店铺更有竞争力。因为B店铺的动销增长率为零，而A店铺的动销增长率是递增的，A店铺的动销增长率比B店铺高。所以，动销力可以评估出产品在市场中的变现能力，判断产品能否实现坑产以及衡量产品的坑产速度。

（4）贡献力。贡献力是指坑产，就是产品所在类目的位置、排名，贡献了多少销售额。在同样的位置能贡献多少销售额很重要，假如我们与其他商家都卖小白鞋，其他商家卖出200万元，我们只卖出100万元，那我们的贡献力肯定不如其他商家高。

任何一个产品都有这四种商品力的模型。平台根据这样一个标准，来比对产品在市场中的不同表现，以此来分配流量。在这四种模型里面，价格力是总开关，这个开关一按，其他三个全都会跟着变化。有价格力的产品，肯定更受市场欢迎，其动销增长率肯定更高，未来产生的坑产也可能会更高。价格一动，市场点击率就会动，价格会影响点击率、转化率和市场规模。所以价格是总开关，俗话说的"定价定生死"就是这个道理。

让利性获客

产品的获客能力取决于产品的迭代性、差异性、稀缺性、让利性。让利性获客是最多商家喜欢用的方法，因为另外三种商品力从根源来说都来自于价格力，价格力可以解决市场力、动销力、贡献力上出现的问题。

价格战适合哪种商家打？第一是工厂。因为工厂可以薄利多销，而销量排序的本质就是薄利多销。第二是品牌。品牌就算不打价格战也可以赚到钱，打价格战更加可以放大规模。非品牌、非工厂的商家最好不要打价格战，因为一旦我们做到了行业类目第一，全行业都在模仿和抄袭我们，并会低价对我们进行围攻和轰炸，我们的利润就会越来越薄，想守住类目第一的位置就很难了，需要付出极大的代价来应对全国范围内的竞争对手。

因此，价格战的根源是同质化，利用价格力来撬动市场，通过让渡利润规模来获客，这就是价格战的底层逻辑。

定价策略

赛道决定生死。在商业竞争中，最重要的一条赛道就是价格，因为价格是链接商家和客户的入口，任何市场都需要以价格为媒介跟客户产生关联，不同的价格意味着对接的人群也不一样。

做电商的核心诉求是赚钱。想要赚钱，首先要考虑的要素就是定价。定价是一种定位，即选择我们的客户群和竞争对手，这关系到我们能否轻松且持续地赚到钱。上节讲述了价格战的底层逻辑，我们知道了价格是非常有效的竞争手段。那么，如何定价才是合理的呢？本节将以商业竞争演变和几种常见的定价方法为重点来回答这个问题。

商业竞争演变

很多人认为，价格或许意味着体量、规模、转化率、点击率……但其实价格最重要的考量值是利润率和利润额，这是两个不同的概念，比如一件产品进价为 1500 元，售价为 2000 元，那这件产品的利润额就是 500 元，利润率为 33%；另一件产品进价为 100 元，售价为 600 元，其利润额也为 500 元，但利润率却是 500%。

为什么要思考利润额和利润率的问题呢？打个比方，有三家公司，A公司每天卖出 10 万单，每单赚 1 角钱，每天净赚 1 万元；B 公司每天卖出 1 万单，每单赚 1 元钱，每天也是净赚 1 万元；C 公司每天卖出 1000 单，

每单赚 5 元钱，每天净赚 5000 元。如果要我们选择一家公司去经营，我们选择哪家？大多数人会选择 B 公司，少数人会选择 C 公司，而选择 A 公司的寥寥无几。为什么会出现这样的现象？因为 B 公司相对于 C 公司，赚的钱翻倍，而相对于 A 公司，它赚的钱一样多却更省事。很少人选 C 公司是因为单量少，备货量、人工、难度系数会大幅度降低。而事实上，大多数人在做电商的时候都是奔着做成 A 公司模式去的，很少会考虑做成 B 公司模式和 C 公司模式。商业的竞争演变顺序不是从 A 公司模式到 B 公司模式，再到 C 公司模式，更多的时候是从 C 公司模式到 B 公司模式，再到 A 公司模式。不管选择做 B 公司模式还是 C 公司模式，最终都会走向 A 公司模式。

也就是说，在市场上随着竞争加剧，一定会从利润额 5 元、10 元的利润区间逐步走向利润额只有 1 元、甚至 1 角的利润区间。既然如此，为什么很多人一开始就要把自己放到低的利润区间呢？因为 A 公司看起来规模大、体量大、销售单量大，销售排名靠前，更容易获得免费的流量。事实上，无论是 B 公司还是 C 公司，早晚都会走到 A 公司这样有规模无利润的地步。那些一开始就选择做 A 公司规模的人，实际上是颠倒了商业竞争逻辑，当他们考虑选择 A 公司，实际上已经把自己的利润提前锁死了。因为从低客单价走向高客单价难如登天，而从高客单价转向低客单价却易如反掌。

所有卖家一开始都是奔着规模去的。做了一段时间之后，发现有规模未必就有利润，这时很多卖家会反向思考去追求利润，有了利润之后又发现很难再有规模。所以为了保证自己的利润放大，又会重新去追求规模。在追求规模的过程中又重新思考利润，利润和规模就成了一个悖论，直到卖家完成了品牌建设，才能打破这个悖论，做到有规模、有利润。

很多卖家在规模和利润之间反复挣扎，却无法获得巨大提升，这是因为他们的定价逻辑是有问题的。定价定生死，电商是按照销量排序的，销量排序的本质是薄利多销，谁能薄利多销呢？有利润的卖家才能把利润变薄去谋求多销。在这种情况下只有两类企业是有利润的：第一类是厂商，可以牺牲一部分利润去换取规模；第二类是品牌商，不打价格战的时候可以赚到钱，打价格战的时候可以放大规模，因为品牌商有品牌溢价，可以把溢出价格那一部分利润拿去竞争。电商销量排序给大多数商家带来的思考在于不应该追求销售规模建设，而应该追求利润规模建设。正是由于销量排序的误导，很多人在定价的时候都会使用最普遍的成本定价法和对手定价法。这两种定价方式都是基于竞争的定价，这意味着商家更容易为了完成竞争目标而损失自己的利润成果。

成本定价法

成本定价法就是以全部成本，加上按目标利润率计算出的利润额，作为定价的基础，全部成本即先估计单位产品的变动成本，再按照标准产量把固定费用分摊到单位产品上得出的成本总和。大多数企业采取的都是最简化的成本定价法，比如某产品进价为 50 元/件，目标利润率为 100%，则将售价标为 100 元/件；进价为 80 元/件，目标利润率为 100%，则将售价标为 160 元/件。

成本定价法不会使企业利润最大化，但如果运用恰当，它有可能使企业接近利润最大化目标。因此采用这种定价法的企业一般比较安于现状，只追求正常利润、合法利润，对超利润区间的追逐能力较弱。这类企业的定价逻辑是类似的，供应链结构也是类似的。

对手定价法

对手定价法就是以行业的平均价格水平或竞争对手的价格为基础的定价方法。同样的产品，经过研究分析，同行卖 79 元/件，月销 5000 ~

10000 件，那么如果要压倒同行，我们就要卖 69 元/件或 59 元/件。很多人面对这种情况，直接就把定价放到 59 元/件。虽然这样做也许会让自己得到的利润减少，但他们宁可战略性亏损也要先把对手压下去。先做出规模然后再提价赚钱，这就是对手定价法。这种定价方式就在于认定了自己的优势是价格优势，而这正好是电商的大忌。切记：如果我们要做电商，不要把价格作为优势，如果我们在价格上没有底线，那很可能会遇到更没有底线的竞争对手。

不管是采用成本定价法还是对手定价法，都会面临同一个问题：当店铺做不好、产品没有卖爆的时候，卖家遇到问题就会直接调整定价。比如定价有点高，定价比对手贵导致点击量不高等。实际上每一步动作都在损失利润，导致很多卖家在定价上陷入了荣誉亏损。

利润规模

有一位在慈溪做拖鞋的卖家，往年不管怎么选款，总有几款能卖爆的，但今年他用淘客、直通车打造爆款，却打造了很多次都没成功。这个卖家做了很久的电商，选款能力是很强的，但为什么突然之间不灵了呢？因为在拖鞋这个类目中，店铺的类目流量很集中。平台将大部分流量都给了前两个商家，它俩的销售额比后面三十多个商家销售额的总和还要高。这位卖家凭借之前的行业经验，他知道拖鞋的销售热度起来速度很快，他就提前备了很多货，但如果卖不掉就会损失很大。他的问题在哪里呢？问题就在于他只考虑了销售额的规模，却没有考虑利润规模。虽然一双拖鞋卖 19.8 元可以赚 2 块钱。但是要想一年赚 100 万元，就要卖 50 万双。而冬天只有 4 个月的时间，意味着每个月要卖十几万双。如果想要卖十几万双，就必须把销量排序做得很高，就要被迫去打价格战。销量排序能不能达到行业前三名还未可知，因为这个类目的流量高度集中在前三名，所以想通过做到前三名实现年利润 100 万元的目标是非常难的。这时候我们就不应该跟着竞争对手来定价格，而要根据我们的利润目标来定价格。经过分析我们发现，单价在 68～108 元的产品竞争对手比较少。如果一双拖鞋卖 100 元，每单约赚 80 元。即便卖 68 元，每单也能约赚 36 元。也就是说，一个冬天只需要卖 3 万多单，整个店铺 1 个月卖 7000 多单，就可以完成利润百万元的目标。而在高价位产品市场中，确实存在这样利润规模的竞争对手，这才是我们布局的导向。

所以在定价的时候，不必一味追求高动销，也不必一味追求销量排序，一切终归都要向利润看齐。

投产胜率

投产胜率表明商家投入这个产品有多大概率是可以盈利的。显然，产品投产胜率越高，商家盈利概率就越大。对产品和行业的调研分析能够很大限度地提高投产胜率。例如我们要在淘宝上卖双肩包，就要把所有双肩包的关键词全部提取出来，看看重叠概率最高的价格段是什么。而在这个展现概率最高的价格区间里，什么样的定价又能占到优势？优秀商家的详情页、产品描述能不能学习？能不能在产品页面上、包装上、定价上超过对手？投多少广告费合适？直通车付费可以达到多少？搞清楚这些问题之后，再综合评估投产这个产品的胜率有多高。

商家终将是要做大的，利润终将是要变薄的，竞争必然越来越激烈，所以定价首先应该思考的是利润规模，其次是投产胜率。

高价缘由

商业的竞争演变是从高利润区走向低利润区，而不是从低利润区走向高利润区。从高往低走易如反掌，从低往高走难如登天。

为了求生存、求发展，我们一定会把店铺做大，但是做到多大的规模，就得承担多大的责任。然而，利润终将会变薄，爆款利润只会越做越薄，除非我们的商品是稀缺的、有门槛的爆款。但凡一个正常的爆款，只要没有什么技术门槛，利润一定是越做越薄的。最后，竞争只会越来越激烈。电商为什么要做且一定要做高客单价？电商做高客单价的缘由是什么？通过本节内容，我们将看清电商之路，以及高价优势。

电商之路

做电商的目的是赚钱，赚钱的前提是要先存续，能存续的商家都是因为聚焦了拳头产品，找到了自己的战略单品。电商行业和传统行业有一个非常大的不同，传统行业用的是慢的、稳定的生意经营模型，电商行业是快则甚快，只要做对了，三四个月就做起来了。有些电商的销售额从几十万元到上千万元甚至到上亿元，只要两年时间就可以完成。

随着业绩的增长，接下来我们可能会突然遇到一个问题：电商的爆款都是有销量瓶颈的。因为平台不想让我们一家独大，就给所有的店铺都设置了门槛。因此线下企业可以做到几十亿元、上百亿元，但电商能单店过亿元的只有几千家，能够做到十亿元到五十亿元的更是屈指可数。

增长达到一定程度，就达到行业天花板了。回头一看就能发现有很多对手在抄袭和模仿，一旦做到类目 TOP 级，就会有人开始研究分析我们，打开后台剖析我们的各项数据，就会发现有无数竞争对手对我们展开低价进攻，我们的产品失去了价格优势。更严重的是，有的工厂也开始升级我们的产品，产品又失去了市场优势，产品越来越同质化，往上竞争不过品牌，往下又竞争不过工厂。这个时候我们会遇到第二个问题：自己空有规模，毫无利润。因此，做电商一定要切记，不要死守一个爆款，不要逆转下滑爆款，不要依赖单一爆款，不要去救一个没有利润的爆款。

爆款被抄袭了，体量也到顶了，赚钱速度变慢了，这时怎么办呢？想继续赚钱，就得对接新的供应商，开发新的产品。但不是每一个产品都会成为爆款的，我们可能找了五六个产品，但只有其中一两个产品有机会卖好，并且还不一定会卖爆。而当我们找到第二个爆款的时候，又会遇到和第一个爆款一样的情形，会遇到体量瓶颈，还会遇到对手抄袭，这个时候我们就要打造第三个、第四个爆款。

随着爆款产品线、要做的页面、SKU 管理[⊖]、备货越来越多，我们雇用的人员会激增，人员激增就可能会出现管理内讧。我们必须得开新店、做新平台，转战拼多多、京东、抖音。这个时候我们原来赚的钱慢慢地会再花出去，利润会受到损耗。为了避免出现这种情况，就要把产品多元化。

产品多元化意味着原来只做儿童类产品，现在还要做儿童类周边产品；原来只做司机靠垫，现在还要做办公室靠垫。只要扩大了产品类目，我们的用户就会开始变多。用户变多即需求变多；需求变多后产品也会变

⊖ SKU 管理是指通过对产品进行编码，对产品进行分类、管理、追踪和销售等方面的管理。SKU 管理可以帮助企业更好地管理产品，提高库存管理效率，降低库存成本，提高销售效率。

多；产品变多了，库存也会变多；而库存变多则意味着我们需要更多的人来发货，更多的人围绕不同的产品写详情页、做卖点提炼，做不同的运营计划。

原来有 10 万元都投入 1 个产品，现在有 10 万元分投给 10 个产品。业绩增长会导致库存增长，库存增长会导致雇用的人员增长，企业人这么多，货这么多，业绩需要再增长，就需要进入一个又一个循环，这就是我们的电商之路。

高价优势

消费永远是向上的，消费者随着年龄的增长会越来越注重品质的提升。根据二八定律，大部分财富掌握在少数人手中。相对于低价来说，高客单价有三大显著优势：

（1）消费人群精准，可获利润高。高客单价的产品的利润必然是可观的，客单价越高越是如此。同样的销售额，高客单价产品或许一单就赚回利润，低客单价产品可能需要几百单的销量才能获得同样多的利润。

（2）高质量、高口碑。高客单价的产品通常质量更好，更容易得到认可。

（3）老客户维护。高客单价消费者的复购通常是固定的，只要我们的产品好用。而且这类人群有圈子扩张能力，既能做分享裂变，还能做私域引流。

低价是一条由易变难的道路，规模越大越难转型。企业通过低价解决生存问题之后，要尝试进行转型，摒弃原有的运营方式来做高客单价。

30

高价痛点和支撑点

通过前面对商业竞争演变和价格战的讲解，大家应该已经达成了共识：做电商就是要以小博大，要走向高利润区，才能逐渐摆脱恶劣的竞争环境，真正赚到钱。相对于简单粗暴的打低价，高价的最大好处就是细水长流。作为一个电商老板，谁不希望能够更加轻松地赚钱呢？但凡事有利必有弊，除了要了解为什么要做高客单价以外，还必须明白：高客单价的痛点是什么？从中低客单价转向高客单价的支撑点又在哪里？

四大痛点

高客单价的痛点包括四个方面。

（1）访客少。根据二八定律，整个社会80%的财富集中在20%的人手里，也就是说，只有两成的消费者具备消费高客单价产品的能力，由于价格的限制，高客单价产品普遍针对的是高消费人群，因而它的流量基数本身就少，所以高客单价产品的访客都相对较少。

（2）付费高。直通车开到20%~30%，做低价的只要一降价，直通车付费就可以往下走了，因为转化率、点击率变高了，免费流量变高了，排名变高了，所以做低价的是可以降低付费的。但是高客单价的直通车付费是相对较高的。

（3）排名低。任何时候销量排序都是低价在前面，高客单价想排到整个市场最前面一般来说难上加难，低价能排上去的高价未必能排上去，低价排不上去的高价就更排不上去了。

（4）产品动销慢。低价产品一天发几百单、几千单，高价产品一天能发二十单已经算不错了。高客单价的产品动销都是比较慢的，市场体量小，费用又高，所以规模就会小。高客单价不是所有公司都能做的，很多公司高价卖不动产品之后，会继续卖低价，重新回到 A 公司（第 28 章中的例子）模式，大多数公司都不能坚持采用 C 公司模式，因为绝大多数公司不具备驾驭高客单价的能力。

提价支撑

从低客单价转向中高客单价，最直接的办法就是提价。如何提价才能做到最合理的利润最大化？提价支撑点是一个大而化之的问题，涉及提价的幅度是否合理、提价的节点是否恰当、产品的核心竞争力够不够、视觉包装有没有到位、品牌形象到底如何、运营思路有没有转型等一系列因素。

首先，提价必须要合理。产品的属性决定了价格段取值，就像一次性水杯，如果突然提价到 20 元/个，客户是不可能接受的。最合适的提价幅度，是比现有价格战中竞争最激烈的价格段高出一个档次。这个幅度足够让我们脱离价格战，同时也能拥有很好的市场容量。衡量提价是否合理的关键指标是利润增长值。比如说某商家以前卖 1000 单，现在只能卖 500 单，那么提价之后利润的增长是否能弥补下降的销量所带来的利润损失呢？如果提价后只需要卖 300 单就可以达到之前卖 1000 单的利润，那这个提价的幅度就是合理的，因为多出来的 200 单就是利润的溢出。在实际的提价行为中，很少有人对爆款直接进行大幅度的提价，而是选择测试性提价，就是每一次只提 10%，如果提高了 10% 卖不动继续再提 10%。为什么卖不动还要再提高10%呢？有可能卖不动的原因是没有脱离原来的价格带，原来的那部分购买人群不接受提价，而只有拉高价格跳到另一个价格带里，另外一类购买人群才可能会接受新的价格。所以每一次提价的幅度都必须精准控制，如果不想改变自己客户的人群画像，就不要过高提价，而如果确实想把产品完全换成另外一种档次，那提价幅度也必须符合对应人群的价格预期。

其次，提价的节点很重要，一般提价最好的时候是从夏季到秋冬换季的时节，那时候全网都在提价，整个价格体系都在大换血。就像有人卖服装，夏天可能卖七八十，到冬天可能卖三四百。每到这个时候，后台都会重新计算这个阶段的价格体系，此时提价对店铺来说是低损伤甚至零损伤的。所以提价一定要找准时机，尽量避免对整个店铺造成太大的影响。当然，总有一些人在进行不顾任何节点、幅度的提价，直接一步到位。像这类店铺，则需要重新更换店铺的人群标签，需要很长时间才能让另外一部分高客单人群来逐步适应。

此外，产品的核心竞争力、视觉呈现、品牌形象也是提价的重要支撑点。考验的是商家的策划能力、设计能力、创造能力、核心竞争力，也就是之前谈到过的稀缺、专业等逻辑。

如果把电商的价格按照级别来分，那么除了中高价以外，占比最多的两种是负价和低价。什么叫负价？有些人做电商是不计后果的，光着脚拎着两把菜刀就进来了，宁可自己不赚钱也要逼竞争对手出局。9.9元包邮的产品，五分好评还能返现5元。这种商家可以说是电商里面的搅局者，恶意低价竞争，完全不负责任，宁可自损一千也要伤敌八百。产品几乎免费送还要倒贴钱，这种价格就叫作负价。那什么叫低价？就是在行业里面的产品价格特别低，我们低，他比我们更低。但是和负价不同的是，这种低价卖产品的方式，就算连续亏三个月，后期也还是有机会赚到钱。

不同的人群有不同的购买习惯，能接受的商品价格区间也不同。事实上，75% 左右的商家都在抢着瓜分 20% 的财富，而另外 25% 的商家则在分享 80% 的财富。一边是一座金山，搬的人屈指可数，口袋随时都能塞得满满的；另一边是 20 碗米饭，等着吃的人却有 75 个，竞争的难易程度明显不同。所以，我们做电商，是应该选择去 20% 的财富区域赚钱，还是选择去 80% 的财富区域赚钱呢？

31

高价机会

如果我们问一个买了一双 299 元拖鞋的人，他买的这双拖鞋和 29 元的拖鞋有什么区别？他大概率会说，没有什么区别，只是觉得 299 元的穿着比较有面子。但其实产品都是一样的，甚至没准 29 元的还更加耐穿呢。

所以，绝大多数消费者并不具备识别同质化产品的能力，尤其对于那些中高客单的中产人群来说，他们选择产品的原因很大限度上都取决于产品的体验感而非质量，这种认知是高客单价（简称高价）产品得以存续的根本和机会。

高利润

高价的第一个机会是高利润。高价产品具有极大的利润空间。

有一个佛山的卖家，只卖 3000 元、5000 元、8000 元价位的地毯，并且只卖给博物馆、豪宅、会所。他每天只用花 8000 元投入在直通车上，一年净利 260 万元，只有极少数几个竞争对手，而且转化率比较高。甚至有的客户直接加微信向他转账，都不在网上成交，也就不用交平台扣点。

反观另一个杭州的卖家，全网跑步机十台里面有七台都是他的产品，一到双十一，他店铺的资金流就紧张得不得了，压了很多货，物流成本也高。他一年能达成七八个亿的销售额，但是却没有销售额一两个亿的人日子过得舒服，基本上赚的都是现金流，有规模无利润。而且跑步机这个类目，一直以来都是靠打低价，不打低价销量排序就到不了前面，行业标品关键词特别少，第一名的销量是 12000 台，第二名是 8000 台，第三名就是 6000 台了。只有能做到类目第一才能实现坑产，有规模才有免费流量，才有可能不亏钱，才能去控制工厂。要做到前几名就必须打低价。一打开 PC 端只有 3 个价格段，700 元到 2000 元，2000 元到 5000 元，以及 5000 元以上。所以能不能把价格定高一点？如果卖 5000 元一台，起码得赚 800 元到 1000 元，而如果卖 1 万元，起码得赚 3000 元到 4000 元。既然要卖 12000 台才能做到销量排名第一，那如果卖 1 万元，只需要卖 100 台就能够冲到第一屏了。竞争对手这么少，产品这么少，很容易就能霸屏做到类目第一。

淘宝规定，一个关键词最多只能展示一个店铺的两个产品，但是高客单价没有对手，基本属于无人区，所以只要销量上去了就是第一。因此，该杭州卖家完全可以开两三家店去做，只卖单价 1 万元以上的产品，一天卖个两三台就可以赚 1 万元，一年就可以多得 300 万元的利润。高客单价的产品流量少，对手也少，远离了绝大多数的竞争对手。所以低价是没有前途的，迷恋爆款，最终只会得到堆积的库存。

高门槛

高价的第二个机会是高门槛。有门槛的生意都是做起来舒服且持续的生意。因为可以维持高价的产品同质化程度很低，高价的爆款做到类目第一被模仿的概率很低，可以让大多数"流氓选手"退避三舍。

有个卖家具的商家，同行的产品定价都在 2000 多元，他却选择了 8000 元到 10000 元的价格区间。他的店铺有 500 多款产品，动销速度也不快，都是等客户下了订单再去备货，跑全动销模型，却反而比同行生意要好。同行分析竞店的时候也不分析他的店，就算分析了也不会去模仿和抄袭他，对他的底细一无所知。在同行竞争得头破血流的时候，他在旁边闷声发大财。还有个做磨牙棒的卖家，别人都卖二三十元，他却卖八九十元，但他只做了半年就开始赚钱了。因为磨牙棒这种产品，50元以上价格的产品全网只有3000多个，用户人群只占9%，竞争对手只有3000多个。所以，高价就是高门槛，是产品壁垒。

弱运营

高价的第三个机会是弱运营，也就是对运营的依赖性很小。越是低价的企业运营能力越强，反之则弱。

越是低价区竞争越残酷。如果我们一直卖低价产品，那么如果想长期在市场上活下来，就必须有强运营能力，不强就难以存活。低价市场必须走高动销路线，薄利多销。高动销需要太多流量、太多转化、太多成本，所以低价市场只有少数人能赚钱。高价却是大多数人都可以赚到钱。高价对运营的依赖没有那么强，如果运营水平不够，那就多花钱买直通车，溢价达到35%~45%就可以。因此，低价市场的运营方式不适合高价，高价的运营要比低价的运营弱很多。

少动荡

高价的第四个机会是少动荡。高价意味着这个生意不动荡，低价的生意不持久，容易动荡。高价的动销速度比较慢，看起来不稳定，因为点击转化没有低价那么高，但其实它是很稳定的生意。因为当动销速度没有那么快的时候，就可以对库存进行充分的管控，对员工进行更好的管理，备货量不需要那么大，现金流占用也会降低，回本的速度就会特别快。

假定一件文胸的成本是20元，售价24元，每一件能赚4元。如果一个月要净赚20万元，就需要卖出5万件。假定我们的返单周期是15天，每次订货15天之后才能拿到货物，也就是我们每月初需要备2.5万件货。

而事实上，想一个月卖 5 万件，只备 2.5 万件货是不可能的，正常情况下是有一个缓冲库存和富余系数的。就算只备 2.5 万件货，那也需要压 50 万元的资金进去，这还不算别的成本。假如从第一天开始，我们的日销额是65000 元，按照这个销售额粗略计算，我们需要买 8 天才能收入 50 万元。进第二批货的时候，我们就需要再除去 8 天的资金回收期，这样，我们每个月总共有 16 天都是在回本阶段，而只有 14 天可以用来创造利润。这一点特别关键，我们忙活了 16 天之后，才能每一天都在赚钱。

而假定我们卖 50 元一件，成本仍然是 20 元，每一件能赚 30 元。当一个月要卖 60 万元销售额的时候，我们需要发 12000 单出去，此时我们可以赚 36 万元。假定我们的返单周期还是 15 天，那只需要备 6000 件货就可以了，此时只需要压 12 万元。如果第一天的销售额是 4 万元，那么我们 3 天就能回本，6 天就可以连续两次回本。也就是说，在一个月当中有 24 天在创造利润。如果我们这一个月 20 天都是在回本，只有 10 天在赚钱，那现金流就非常危险。

所以做高客单产品的回本速度特别快，就如同稳坐中军帐，6 天之后全是赚钱，不管能不能卖掉，本钱都能全部回来。而低客单价要经历 16 天的煎熬才能看到资金回笼。在任何的规则调整和市场风险下，低价失败的概率都远比高价要高。低价赚钱快、动销快、风险高；高价赚钱慢，但是利润高、动荡小。

32

高价模型

　　什么样的商家就赚什么模式的钱。做电商最根本的认知就是选择什么
样的市场，在什么时间用什么方式靠什么优势赚钱。是工厂或品牌方就靠产
品、靠利润、靠规模取胜，是贸易商就靠时间、靠物流、靠供应链取胜。

　　商家的基因不同，布局的模式也不同。但深究起来，其实不赚钱的商
家各有各的模式，赚钱的商家却都基本相似。所以，本节将探讨商家赚钱
的五种模型：销量深度模型、产品宽度模型、利润高度模型、品牌资源模
型、多店连锁模型。

销量深度模型

　　销量深度模型就是以 n 种数和量的组合方式来实现销售目标的模型。
例如我们的销售额想达到 10000 元，那么我们可以用单件 1 元的产品卖
10000 件，也可以用单件 10 元的产品卖 1000 件，当然，我们也能用单件
1000 元钱的产品卖 10 件。

　　销量深度模型是一个高竞争、高难度但是具有高回报的模型，它适合
体量比较大的类目，或者体量比较大的标品，并且只适合两类商家，第一
是大品牌，有资金实力和品牌优势的；第二是大工厂，有规模优势和价格
优势的。一般的商家最好不要应用这个模型，因为往上竞争不过品牌，往
下竞争不过工厂。走销量深度模型的商家一定要具备厉害的运营、强产

品、重资金、抗风险这四项实力。即产品要有强竞争力，能满足大多数需求、有集中刚需；运营要有系统化打爆款的能力和对价格战的抗干扰能力；要明确最终目的，能承受战略性亏损，但必须找到盈利点，必须要清楚一个爆款在盈利周期30天之内有多长时间可以用来赚钱。另外，必须拥有强大的抗压能力以及精通财务知识。

产品宽度模型

产品宽度模型就是动销模型，它是一个动态矩阵。动销模型是一个低推广费用、高利润回报、抗风险能力强的隐形盈利模型。

产品宽度模型也适合两类商家：第一类是批量拿货的店铺，第二类是初创品牌。从类目上讲，这个模型适合风格展示类行业，就是产品款式能非标化还注重外观，或者是产品的搭配组合比较强的行业。显然这个模型比销量深度模型的效率高，同样卖出5000万元的销售额，不同利润率的商家，这5000万元的含金量是不一样的。这个模型的成功要素是强供应链、强选款能力和强大的全店动销能力。采用这种模型的商家，必须有稳定丰富的供应链合作关系和强大成熟的选款选品能力做支撑，产品必须围绕一类人群或者是围绕一类场景形成关联性和互补性，并且对于库存管控的要求也非常高。此外还要有对全店动销的预测能力和布局能力，一般来说这类商家的全店动销至少要做到80%，低于70%就说明选款战略出了问题。

动销模型的好处是爆款量不会很大，没有明确的强推款，不会招致价格战也没有退款，所以推广的成本比较低，只需要做一些钻展[⊖]的核心投放，同时利润丰厚且极少出现亏损，容易积累粉丝建立黏性，流量是比较多的，店铺活跃指数比较高，产品迭代速度比较快，不会那么容易被

⊖ 钻展是一种"展现付费"的推广工具，这种广告模式的英文缩写为CPM，计价单位是"千次展现"。

同行模仿。

但这个模型同样也存在很多弊端和风险。第一，拿货款式多会造成拿货成本高；第二，款式多往往意味着库存复杂、产品线长，且过度依赖选品的精准度。前面说的销量深度模型是集中优势打造爆款，而这个模型是集中优势做氛围、做链条、做动销，操盘难度大大降低，盈利能力却不比前者差。有很多商家都是采用的这种模式，比如摩登主妇、巴鲁特、忧烦艺术等。

做动销模型一定要对产品做高度对标的数据运营，并且一定切记，要关注店铺而不是单一产品，要关注整店运营而不是单一产品运营。例如，对手的产品有多少个？不同价格段里面的产品分别覆盖了哪些属性和哪些关键词？对手的第一梯队爆款和第二梯队爆款之间的关系如何，是靠关联动销起来的，还是靠套餐组合起来的？对手的日动销率和月动销率分别能达到多少？

利润高度模型

利润高度模型，顾名思义就是利润相对较高的价高模型。同样一款产品，A 商家卖 1000 单，每单赚 10 元，一共赚 10000 元；B 商家卖 10 单，每单赚 1000 元，一共也能赚 10000 元。B 商家卖 1 单等于 A 商家卖 100 单，因此相对于 A 商家来说，B 商家就是价高模型。

利润高度模型的盈利核心就是重付费、轻产品、轻团队、拼心态，这种模式比较适合有产品升级能力的工厂，或者是批量拿货的贸易商。适合的行业类型则是高客单价或细分小众行业。这种模式的成功要素是高价值产品、重资金推广、高利润额和价格断层市场。它的优势是产品不用太多，发货不用太多，团队人数少，不容易被对手模仿和抄袭，利润非常可观；它的核心风险在于创始人对于价格断层的体量判断不够，没有认真地分析不同价格段的利润规模，无法掌握高客单价的运作逻辑，因此找不到高客单价的支撑。

这种模式的操盘难度不低，实际上有很多类目都是采用这个模型的。简单来说，价高市场＝高价值产品×重资金推广×高利润额度×价格断层。其中价格断层是指不在行业平均价格段和利润规模区间，对这些产品的商家进行分析可以找到支撑高客单价的产品类目和细分市场。

品牌资源模型

品牌资源模型就是利用已经取得巨大市场突破的品牌产品，来带动其他店铺完成动销的盈利模型。这是一个回报率很高且容易获得巨大资源支持的持续盈利模式，也是电商经营的高级阶段，一般比较适合高频消费行业。这个模型的成功要素是品牌策划、产品升级、高价值点客户体验。它的风险是老板不重视品牌策划和产品升级，认为周期太长、回报太慢，实际上通过这种模型一旦开始盈利，利润就会是同行的几倍、甚至几十倍。从2019年以来，市场特别偏好投资电商品牌，事实上做得最好的都是品牌商家，像小罐茶、内外、轻生活、铜师傅、凯锐思这些商家，都是靠品牌来完成突围的典型案例。

多店连锁模型

多店连锁模型适合做多店布局的稳定成熟的团队，一般25人以上的团队才能考虑去做多店，如果缺乏这样规模的团队支撑，不但新店做不起来，原来的店铺也会逐渐偏废。这种店铺连锁模型要经过专业的计算，从一开始的一个品牌一个店，慢慢地到一个品牌多店铺、一个品牌多平台，逐步地拓展分支，最终形成多店铺、多平台的一整套体系。

目前电商行业用得最多的模式就是这五种。无论选择哪一种盈利模式，都必须要先弄清楚这种模式需要匹配的企业资质和企业资源，同时反复了解该模式的风险因素和高危因素，只有这样才能尽可能稳妥高效地实现盈利。

33

高价复盘

在目前所有的电商类目里，很多都没有中高客单价，大多数商家都想赚快钱，很少有人能够耐得住寂寞、受得了挫折、经得起诱惑去做中高客单价。因此，中高客单价的市场具有巨大的进入空间。只有中高客单价产品的毛利才足以支持一个商家去应对市场变化，商家想要有更好的存续和发展，就一定要跨进中高端，具备合理的利润结构。

前面几章分别讲述了高价的模型、机会、痛点，让读者对高客单价产品有了一个比较系统和全面的认知。本节将从市场风向、高价营销和用户反馈等几个方面对高客单价产品进行一次梳理和复盘。

市场风向

近几年来，各大电商平台都在不断地在强调消费升级，很多政策和条款也都表现出了对中高客单价产品的强力支持。2019 年，海尔旗下的 Thunderobot 游戏笔记本刚开启海外销售时，客单价就定在 1000 ~ 1500 美元之间，选择首发的销售平台为速卖通平台。当时此平台正大力扶持中国品牌走向全球，Thunderobot 的入驻得到各方面的多重福利的加持，一度占据了销售榜首。随后，从 2020 年开始，高客单价产品开始出现爆发式增长。由于疫情影响，大量的高客单价产品的受众、买家从线下或者其他渠道涌入线上平台，推动了高客单价、高货值产品的消费和需求增长。

除了市场本身发展的趋势，平台对商家的扶持也为高客单价产品的订单转化创造了更多的可能。首先，平台会提供热门品类的选品推介，拓宽商家的曝光机会，借助市面上新款产品迭代进度、热门款式覆盖率、经典老款的市场占有率等保有量数据，赋能该类目商家紧贴市场需求，沿着产品边界、产品功能进行多线延展；其次，平台还会挖掘市场需求喜好，协助商家孵化和培养买家对高客单价产品的需求偏好，教育和鼓励用户购买，为品类增长创造更多的变现机会；最后，还会提供包括高频次的专题活动扶持，以及协助商家进行店装分区和装修等。

高价营销

在过往的十年时间里，企业发展的逻辑很简单，大多数企业都可以通过低廉的流量成本、人力成本来支撑。但现在的流量不仅越来越贵，且持续的时间也越来越短了，靠流量来维持企业发展并不是长久之计。在这样的大环境下，尤其对于高客单价行业来说，当没有办法去控制流量的"量"的时候，那只能通过不断提高转化率的"质"来促进发展。

所以，高价产品的营销卖点无外乎两种：稀缺性和专业性。

首先，物以稀为贵。一个卖牛排的店铺，顾客吃一顿要花1000多元，为什么还有那么多顾客呢？因为它倡导了一种企业文化，叫作少而精。在所有的牛排馆里，只有他家的牛排是限量供应的，一头牛仅供六客，这样它无形之中就在客户心中树立了一种抢夺式的心理倾向。类似这种造势法还有很多，比如很多品牌说只做全球限量款、只为少数人服务、只为百分之一的人群定制、只为别墅顾客提供家具、只卖设计师的产品等，所有限制都在强调的就是少或者稀缺。当我们不断地向顾客传导这些东西，会发现产品质量高一点、生产成本贵一点，顾客的忠诚度反而越来越高。

其次是专业。大多数消费者都是很容易被专家引导消费的，因为专家在他们心中有着很高的威信。如果能够充分利用这一点，也能很好地实现中高客单价。比如我们可以向客户介绍，这是由育婴师推荐购买的睡袋，这是由一个医学专家加光学专家联合研发的护眼灯，这是由健身教练推荐的健身器材，这是由骨科医生推荐的安全座椅，这是由营养师推荐的料理机，等等，这些都直接提高了产品的溢价能力。也就是说，高客单价的营销变得更加立体化、形象化了。

追求高客单价的潜客成本是很大的，因此私域运营是实现高客单价的最佳途径，简单地说就是：在合适的时间，通过合适的渠道，把合适的信息推送给合适的人。高客单价行业的私域运营有一套放之四海而皆准的方法：决策周期 + 营销地图 + 营销触点。

1）了解用户决策周期：认知—考虑—选型—购买—使用—反馈和售后—口碑传播。

2）构建营销地图：包括微信推文、产品介绍 、白皮书、演示、Demo、案例、验证、口碑等。

3）打造营销触点：具备网站、移动站、微信公众号/订阅号、小程序、在线客服、App、裂变程序等超过 10 个以上的触点。

这套营销方法的核心竞争力是数据驱动。对于高客单价的产品方案来说，上述三步中的所有行为都是可以采集数据的，基于这些数据的处理也尤为重要，这一能力具体表现在：

1）打通数据：线上与线下如此多的维度、触点、用户行为之间如果没有打通，就无法准确定位到底是哪个用户的行为，无法指导具体的营销行为。

2）用户分群：在百万、千万乃至上亿级的数据池中，除了按照高低客单价、订单频率这些传统方式分群外，还有用户与业务场景中的行为、互动数据可以用来分群，比如不同触点行为、用户来自什么渠道、看过什么内容、反应如何等。实践表明，基于这些场景数据的分群能够产生巨大的营销价值。

3）行动策略：针对不同的分群用户，结合自身所在企业的能力和资源，设计并配置合适的针对性的行动策略，指导营销的关键动作，并通过监督这些策略执行的效果，持续进行迭代改进。

4）洞察用户：根据这些标签模型有目的性、有针对性、个性化地孵化每一位潜在用户，最终在正确的时间通过正确的渠道把正确的信息推送给正确的人。

用户反馈

高客单价的用户群体相对较小，但稳定性强、回头率高，所以做好用户沉淀是追求高客单价要长期坚持的事情。对于高客单价的消费人群来说，产品本身的品质只是产品价值的一部分，附加的服务质量也会被纳入对价值的评估。因为用户购买高客单价产品一个很大的特点是决策周期长，在客户了解产品的决策周期中，才能逐渐建立起对品牌、产品的信任度，最终促成下单。

此外，反馈和售后服务是维系高价客户信任度的重要一环，能够给产品带来更多的附加值。高客单产品往往是细分的差异化产品，所以对应的服务也需要精细化和定制化。一定要非常注重用户反馈，除了做好细分场景下的售后服务，还要定期回访规避隐形客户流失。每过一段时间，要将用户反馈的问题及时汇总分析，用以产品的优化升级。

未来商业的发展方向是基于个性化产品的定制服务，因此，基于高客单价产品的决策服务就是差异化产品定制服务的起点。

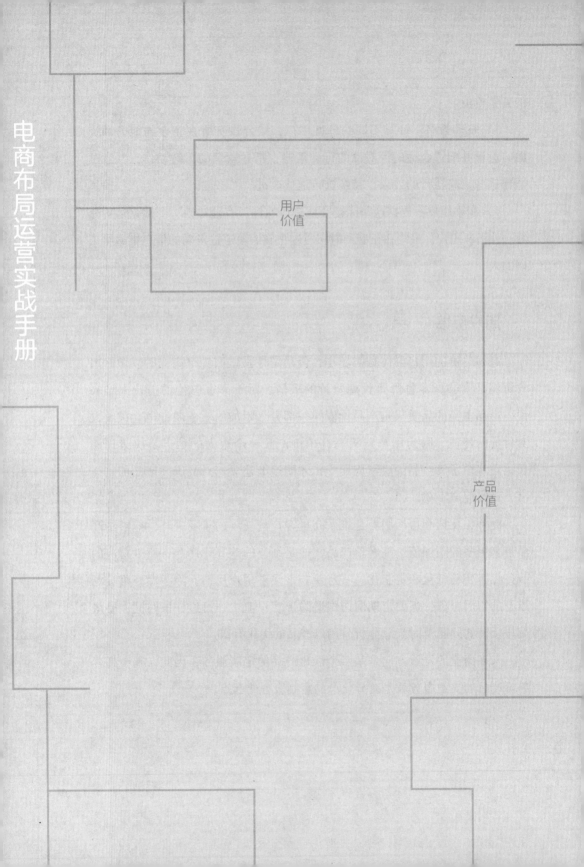

电商布局运营实战手册

用户
价值

产品
价值

品牌圈层

第五篇
品牌塑造

品牌背书

34

用户价值

在品牌策划界，有一个最根本的认知：品牌＝用户价值。用户价值是品牌的终点，也是品牌的起点，是串联起品牌所有行动的底层逻辑。对品牌而言，最重要的事情就是要弄清楚，用户到底是通过哪些记忆线索来检索品牌的，并且尽量与这些"记忆线索"挂钩，这种记忆线索就是我们通常所指的用户需求。品牌的用户价值体现在至少三个方面（如图34-1所示）：针对用户痛点需求的资产价值，作为用户选择依据的交换价值，用户信任和情感链接的互动价值。

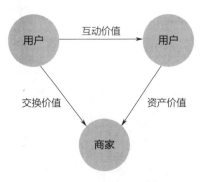

图34-1 用户价值的三个方面

不同人群对品牌的认知和感知是不一样的，随着新生代的9000岁、Z世代人群的迅速崛起，UGC社区的分享式消费逐渐取代了传统的搜索式消费，KOC策略和私域推送成为越来越重要的用户渠道。也就是说，未来的品牌营销将逐渐从"我卖什么,你买什么"向"你买什么,我卖什么"转变,品牌的核心价值也将从产品价值逐渐向用户价值倾斜。本节将分别讲述Z世代消费、9000岁经济、KOC策略、UGC社区和用户溢价点,来深入分析品牌的用户价值。

Z世代消费

Z世代,也称为"网生代""互联网世代""二次元世代""数媒土著",通常是指1995年至2009年出生的一代人,他们一出生就与网络信息时代无缝对接,受数字信息技术、即时通信设备、智能手机产品等影响比较大,因此是潮流品牌消费的主力军。

电通中国发布的《2022解码Z世代》报告显示,Z世代在时尚领域的消费金额贡献逐年增大,90后、95后、00后潮流市场的消费规模占比达到八成。2021年,在去中心化的中国市场,近3亿Z世代人群撬动消费支出预计达5万亿元。

Z世代被反复研究、解读,但他们无法被简单定义。他们热衷于拼多多砍价,也有一掷千金的魄力,成长在最好的时代,Z世代人群正成为一股不可忽视的经济促进力量和消费力量。

9000岁经济

9000岁即指"90后和00后",意为现代社会的新生代消费者。他们代表了一个时代的用户行为、用户心理和消费理念。

对于9000岁来说,只要能彰显自我,一切都不是事儿。"喜欢买单,为个性买单"是9000岁新消费习惯的代名词。其次,"所见即所得,兴尽即转手"也是9000岁消费观的重要组成部分。9000岁兴趣转移很快,他们永远"喜新厌旧"。什么东西一旦不喜欢了,立即在闲鱼、转转等二手物品交易网站卖掉。此外，"想买就买，想走就走"也是9000岁经济的又一大特色。高铁、地铁、共享单车及移动支付工具的快速发展，使9000岁消费者更倾向于"消费漂移"。"消费漂移"是品牌选择的兴趣漂移（可以选择这个品牌，也可以选择那个品牌），也是空间的漂移（消费场所或城市之间的漂移，比如从县城到地级市或到省会城市）。

9000岁是最在乎自己感受的一代人，他们更崇尚即时享受，社交与懒惰并存，消耗与养生并重。晚上玩游戏、K歌，白天睡觉是9000岁的生活常态，一边熬夜一边使用护肤品，一边刷手机一边泡菊花茶也是他们的专有理解。9000岁经济在很大限度上代表了当下社会的潮流方向和年轻文化的发展趋势，这对于整个消费市场的持续迭代更替作用是不可替代的。

KOC 策略

KOL（Key Opinion Leader）就是关键意见领袖，通俗地讲就是大V。KOC（Key Opinion Consumer）即关键意见消费者，可以理解为粉丝量较小的KOL，通俗点讲就是某领域的"发烧友"、素人。举个简单的例子，A想买某个品牌的化妆品，B明星代言这个品牌，C是A的同事，一直用这个牌子，A最后经过考虑购买了这款产品，那么对于A来说，B就是KOL，C就是KOC。很明显，相对于KOL，KOC在垂直用户中拥有更大的决策影响力，在某些平台带货能力更强。

比起要价昂贵的KOL，大多品牌方在平台进行广告投放时会选择KOC带货，因为他们自己就是消费者，更清楚消费者的痛点，能与之共情、建立信任。相比较于KOL，他们的粉丝体量小，但是内容会更加垂直，所影响的群体也会更加集中，产生的效果也会更加直观。因为他们与消费者的距离更近，且注重与粉丝的互动交流，会更加受粉丝信任。

随着长时间的了解和信任，外加在内容营销的带动下，KOC 将越来越高效地实现品牌的用户价值，在用户漫长的决策周期中打上确定的印章。

UGC 社区

UGC 全称为 User Generated Content，也就是用户生成内容，即用户原创内容。UGC 社区即用户将自己原创的内容进行展示或者提供给其他用户的互联网平台。

小红书社区算是比较典型的 UGC 社区，主要以分享潮流时尚的生活方式为主；微博、今日头条的头条号、腾讯的企鹅号、百度的百家号、阿里巴巴的大鱼号等自媒体平台也会通过流量曝光给予创作者补贴，实现和用户内容共创；此外还有抖音、快手及微信朋友圈、公众号、视频号等，也属于 UGC 模式。UGC 模式的业务逻辑如图 34-2 所示。

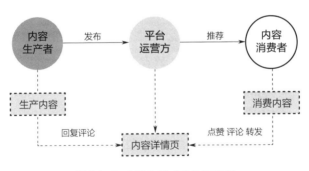

图 34-2　UGC 模式的业务逻辑

我们以小红书为例，简单分析一下 UGC 模式的用户价值：小红书在运营初期的广告模式是零宣传、零投放，吸引用户主要依靠口碑传播。可信度高、宣传成本低、用户接受度强，真实的用户口碑分享成为小红书的核心竞争优势，很难被直接模仿和复制。随后，小红书邀请明星入驻，以明星的亲身体验作为卖点输出 UGC，与粉丝互动，收获流量和人气，顺势促成和更多商家的合作，社区参与活跃度得到了爆发式增长。此外，小红书还用完善的社区规则和激励机制来激发用户创作 UGC，并且通过同时举办线上线下主题活动来提高用户的积极性，实现浏览者 – UGC 产出者这一用户价值的转变。

从小红书模式可以看出，UGC 模式的核心是权利自上而下的让渡，UGC 社区的用户价值体现在可以充分收集用户需求，从而挖掘出不错的产品需求和运营灵感。

用户溢价点

用户溢价就是通过长线运营逐渐挖掘、引导、培养用户对某一领域或者某一产品的兴趣，在适当的时候激发用户的潜在购买力。通俗地说就是一句话：放长线钓大鱼。

前面讲的 KOC 策略和 UGC 社区都是典型的用户溢价模式，用户溢价点代表了用户的潜在需求，是用户价值的终极体现。对于品牌来说，用户溢价点主要体现在品牌故事和社交互动上。品牌故事是指通过一系列有趣、动人并令人印象深刻的故事，将品牌形象深深地植根于消费者的心中。例如 WEI 蔚蓝之美品牌的创始人 Wei Brian，她为了改善皮肤问题，寻访过无数位草药师，最终创立了全线由草本植物提取的化妆品品牌，她的故事吸引了众多消费者，使品牌获得了极大的成功。社交互动是指品牌通过微博、抖音、微信公众号等社交媒体平台和消费者直接互动，引导消费者对品牌产生兴趣。以百雀羚的造星计划为例，该品牌在抖音平台围绕"美膜"开展了一场短视频创意大赛，最终获得了 1.5 亿的话题浏览量。

新的信息时代催生出了新的消费群体和新的用户需求，随着人群自我认知的提升，用户价值逐渐取代产品本身成了品牌最重要的决策标准。

产品价值

产品价值是由产品的功能、特性、品质、品种与式样等要素产生的价值。互联网产品的价值有一个固定的公式：互联网产品的价值＝用户数×单个用户价值。

任何产品只要获得市场认可，有了一定的发展空间，就会有很多人争相模仿，导致市场同类产品泛滥，直到产品的生命周期结束。这其实就是产品价值的体现过程，产品价值决定了产品在竞争中处于什么地位，是产品给客户的购买理由。从上面的公式可以看出，电商产品价值取决于用户数量和用户价值，也就是说，用户数量越大，用户价值越高，产品价值越高。

上一章分析了用户价值的意义以及如何放大用户价值。本章将重点探讨如何通过精细化、跨界融合、精准定位的方式来捕捉产品溢价点，从而放大用户数量，并实现产品价值。

精细化

精细化实际上是管理学上的一个概念，产品管理有三个层次：第一个层次是规范化，第二层次是个性化，第三个层次是精细化。当个性化需求高度分化，大数据技术强大到可以分析每个消费者的需求时，新的产品形态将更多地以产品组合的形式存在。综合性的产品越来越少，个性化产品功能的模块越来越多，消费者通过产品组合的方式构建无限逼近自己内心需求的产品。也就是说，当产品进入精细化阶段，产品价值会达到最大化。

用户价值的体现来自用户需求，而用户需求是在用户关注或使用产品的过程中被不断发现和满足的。随着消费群体的变化，用户需求也在不断更替，要让用户延续对品牌的依赖性和信任感，产品就要不断地迭代和优化，真正好的品牌不仅仅要实现从无到有的创造，更要实现从有到优的突破。从这个角度来讲，产品精细化就是指产品的升级和迭代。

所以，产品精细化有三个方向：一是让产品某个功能变得更好，即在功能体验方面的提升；二是通过优化让用户可以更频繁地使用这个功能，即在使用频率方面的提升；三是让更多用户去使用这个功能，即让产品使用比例有所提升。

跨界融合

跨界融合指的是打破原有行业的界限，寻求多维度、多取向的发展。当品牌跨入其他品类，融合非相关对手的价值时，就可能产生 1 + 1 > 2 的效果。

跨界融合是近几年非常流行的一种商业行为，因为新时代的 9000 岁、Z 世代消费群体已经不会再简单停留在对产品本身的诉求上了，他们对产品的需求是多样性的，更加关注产品精神上的诉求。跨界融合的产品往往兼具多种属性，因此更容易受到他们的认可和欢迎。像巧克力 + 玩具 = 健达奇趣蛋，火锅 + 自加热便捷锅 = 自嗨锅，中药 + 牙膏 = 云南白药牌牙膏等，算是比较简单和为人熟知的跨界融合。在万物皆可联名的今天，品牌跨界合作的脑洞越来越大，联名的跨度也越来越大，比如王者荣耀和稻香村出品的"峡谷月明"中秋礼盒，娃哈哈和钟薛高联名的"未成年雪糕"，甚至同一个行业的竞争对手也能融合，比如喜茶和茶颜悦色联名的"喜悦CP"。

跨界融合凭借着其低成本、广连接的特点成为品牌消费转型的重要营销模式，消费体验成为品牌跨界营销的主要发力点。未来如何打通与新生代消费者之间的对话渠道，如何依靠重构零售来彰显产品价值，是品牌最需要思考的问题。

精准定位

品牌定位相当于在消费者心中建立了一个锚点，将记忆检索和用户需求互相勾连起来，从而实现从用户价值到产品价值的转换。

以卫龙辣条为例，一直以来辣条都是跟垃圾食品等标签挂钩的商品，但卫龙另辟蹊径，找到了"健康辣条"这个独特的品牌定位。为了和这个定位匹配，卫龙做了大量直播，把摄像头搬到了车间里，用全新的自动化机械设备和安全、卫生、无污染的生产链安抚了消费者，也彻底颠覆了他们对辣条的不良印象。目前卫龙在淘宝的自然搜索率达到了40%～50%，微博的日互动话题最高也达到了10多万。这个例子充分说明，一个精准的品牌定位可以帮助企业实现市场突围。

品牌定位是企业经营的起点、方向与终极目标，尤其是在现在电商竞争到了白热化的时候，竞争的核心早已升级到了争夺顾客有限的心智资源，品牌定位决定了企业所有的投入与资源配置的方向。在品牌策划里，品牌定位是有一整套方法论的，总结起来大致有三种：

（1）首位定位法。将品牌定位在某个品类的第一，强者愈强，各种资源都会向它集中，从而赢得更大的市场份额和品牌溢价。消费者心里只会想："能做到第一，那它一定是有独特之处""它在行业中的地位这么强，产品如此火爆，那肯定值得试试"。

（2）对位定位法。对位定位法就是和传统对手的做法相反，就能产生各种意想不到的效果。它实质上是通过对标某个品类的领导品牌，以逆反的形式创造新品类来切入消费者的心智。比如瑞幸咖啡，它对标星巴克，提出了"不贵的好咖啡"口号，仅仅在近半年的试营业期间，就累计完成约300万订单、销售咖啡约500万杯，服务用户超过130万。

（3）插位定位法。后进企业为了打破原有市场竞争格局，让自身从后进的角色成为行业领导者。它更加适用于竞争白热化的行业。例如牙膏，高露洁、佳洁士等大牌的主流定位是去渍、防蛀、美白、清新口气等，但消费者多有口腔溃疡、牙龈肿痛、出血等口腔问题，云南白药牙膏就是看到了这一点，精准地定位为"药用型牙膏"，获得了顾客极高的指名购买率，占据了不可替代的行业地位。

产品溢价点

对于品牌来说，产品溢价就是品牌溢价。品牌溢价即品牌的附加值。同样的产品能比竞争对手卖出更高的价格，就是品牌的溢价能力。从品牌营销的角度来说，产品溢价点通常体现在五个方面：

（1）抢先占据小众爱好。例如汉服还没"出圈"时，一套普通的汉服甚至可以卖出四位数的价格；但当街上汉服随处可见后，新晋汉服品牌通常需要以"白菜"价赢得用户的目光。

（2）塑造大品牌与业内领先地位的形象。例如海尔宣传的"畅销德国、成功登陆美国"，通过树立"国际大品牌"的形象，获得了较高的溢价能力。

（3）长期保持产品与服务"高质量"。例如公牛的高溢价就来源于"没有回头客"的高质量，海底捞则凭借贴心周到的服务赢得消费者的口碑，长期的信誉可以说是品牌的溢价之本。

（4）凸显品牌的情绪价值。用户为"情绪"付费，DR 的钻戒营销便是最为经典的一个例子。如果说戴比尔斯将钻石与爱情绑定，提升了整个钻石品类的溢价，那么 DR 的"一生仅能买一枚"则让更多的情侣心甘情愿为品牌溢价买单。

（5）赋予品牌高档感，保持高价格。当一个品牌常年保持较高且稳定的价格时，就有利于提升品牌溢价能力，例如苹果；如果一个品牌价格跳水严重、常年促销打折，就会陷入"不打折无销量"的尴尬境地，高定价也失去了原本的意义。

因此，对于品牌来说，产品价值就是品牌价值，产品溢价就是品牌溢价。品牌溢价可以缩短消费者的决策周期，为消费者提供身份识别，为企业实现产品增值。

36

平台效应

平台效应就是利用平台的人气流量来对品牌进行宣传推广，最终使企业和平台都能获益的双赢效应。通常所说的平台效应包括以下四种：

1）规模效应：规模越大，成本越低，收益越高，或者叫边际成本递减。

2）协同效应：依靠丰富的品种带来规模提升，用户体验更好，收益更高。

3）双边市场效应：需求端与供给端之间的正反馈交互所创造的价值。

4）梅特卡夫效应：一个网络的价值与用户量的平方成正比。

对于电商而言，公司的品牌在于公司创造的价值，平台效应就是最好的广告。在数字经济时代，各类电商平台都展示了企业品牌价值实现的绝佳方式：不倚重传统广告的投放，而是通过平台效应创造社会价值，并将社会价值的创造融合到平台的商业模式里。本节将从实时流媒体、短视频、C2M 模式和垂直电商四个角度来分别阐述平台效应对品牌塑造的影响。

实时流媒体

流媒体原先是指在网上即时传输影音以供观赏的一种技术与过程，因为此技术可以使数据包像流水一样发送，故因此得名。简而言之，就是不用下载、在线播放的平台。而实时流媒体就是指实时在线播放，所以实时流媒体 ≈ 实时音视频 ≈ 网络直播。之所以用约等号，而不用等号，是因为实时流媒体本质上更像是一种新的媒体传送方式，而不是一种新的媒体。

根据德国的流媒体平台 JustWatch 发布的全球流媒体市场报告，截至 2020 年，全球具有影响力的主要流媒体平台主要有网飞（Netflix）、爱奇艺、亚马逊视频等。从前的流媒体技术广泛地应用于远程教育和医疗、实时视频会议等方面，而随着互联网的分化和演变，流媒体在电商领域也逐渐得到了规模化的运用。2022 年，Netflix 宣布推出自己的电商平台 Netflix. shop，并表示这将是除剧集、电影之外，公司的一个全新叙事渠道。

近年来，国内流媒体平台以受众广泛、跨屏优化，以及便于快速衡量传播效果的优势成为广告主的青睐对象。近年来，流媒体平台也迎来了拐点，很多优秀的原创内容为市场品牌提供了良好的植入机会。例如一些制作精良、造型考究、注重时尚元素的网剧，通过剧情引发的讨论，品牌得到了充分曝光，消费者和观众对于品牌的认知得到了进一步的提升。

短视频

据网经社"电数宝"电商大数据库显示，2022 年，中国社交电商整体规模已达 2 万亿元以上，在网络零售中的占比超过 20%，渗透率达到 71%，成为电商中增长最快的部分。在争夺社交流量、抢占下沉市场和满足消费需求三大核心驱动力下，短视频 App 开始备受追捧，B 站、美拍、微视等短视频 App 成为短视频制作者的集散地，拥有巨大的粉丝流量。

有人就有需求，有人群聚集就有商机。在体量巨大的用户基础上，短视频无疑是推广服务和营销产品的绝佳途径。常见的短视频有三种类型：普通短视频、带货短视频、引流短视频。普通短视频和电商短视频的区别见表 36-1。普通短视频多数是萌宠类、搞笑类、专业干货知识类等；带货短视频通常有人物出现进行产品介绍，然后通过左下角的链接，让用户购买产品；引流短视频则是通过拍摄一些有剧情、有话题的短视频引起用户注意，让用户点击头像进入卖货直播间。其中带货短视频和引流短视频属于电商短视频。

表36-1　普通短视频和电商短视频的区别

类型	普通短视频	电商短视频
目的	以获得高点赞和高传播为主要目的	除获得高点赞和高传播外，期望更多地吸引用户进入直播间
内容	展现日常或常规内容为主的短视频	除日常或常规内容外，有明确的产品展示、点击引导等内容
用途	强曝光和涨粉	吸引用户关注直播或链接，可用于直播过程中的投放素材

电商短视频的核心是吸引更多用户进入直播间，具有非常明确的引流或成交目的，它的变现途径有两种：一种是在种草视频里面插入商品链接，也就是开通商品橱窗＋视频电商功能，只要有人购买商品就可以获得佣金分成。另外一种就是大家熟知的直播变现。直播变现的方法有直播打赏和直播卖货两种。一方面，当主播在发布视频时，平台会进行精准投放，用户可进行关注，这有利于形成一种稳定的社交关系链。另一方面，平台会在消息中加入发起聊天的功能，将具有相同理念的用户归纳为同一个群体。用户可以在社交圈里进行好物分享，这样能使用户在消费的过程中获得价值的认同与对产品的信任，最终形成消费裂变。基本上所有短视频平台都可以依据用户画像和地点实现个性化精准推送。对品牌来说，这种对用户的深度影响可以使产品和品牌以更加生动的形式传播出去，从而达到很好的营销效果。

C2M 模式

C2M 是"从消费者到生产者"（Customer to Manufacturer）的简称，它是平台与厂商合作组织产销的一种模式，通过互联网对消费者的信息进行搜集、整合，从中分析出消费者的需求状况，然后将这些信息发送给制造者，生成订单。C2M 模式跳过了品牌商、代理商、最终销售终端等渠道和中间环节，更偏向于工厂模式，其最终呈现的品牌归属于工厂本身。C2M 模式如图 36-1 所示。

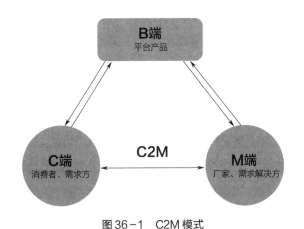

图 36-1　C2M 模式

C2M 模式的优势是显而易见的：首先，它能够解决生产制造的库存问题；其次，它加强了上游生产制造商和品牌商对 C 端市场的感知力，能够做到真正触达消费者用户，直面市场的真实需求；此外，它能够下沉到三、四线城市，更加快速地开拓新市场；最后，它还能够提升用户的产品体验和交付体验。因此，近年来各大国内电商品牌都在积极布局 C2M 模式。2018 年，阿里巴巴首先在淘宝内部启动了 C2M 模式；同年 12 月，拼多多也开启了 C2M 的全面布局，启动了"新品牌计划"，采用 C2M 模式与制造商共同打造爆款产品；2019 年 8 月，京东开始在其旗下的"京东京造"启动 C2M 个性定制服务。

在 C2M 模式下，企业的品牌塑造能力将得到进一步升华，除了自主品牌培育、知名品牌子品牌打造和新锐品牌扶持外，还能帮助很多老国货品牌获得新生。可以说，C2M 模式满足了消费者"意中有，语中无"的用户需求，未来将成为品牌塑造的基本逻辑。

垂直电商

垂直电商是指在某个行业或者细分市场深化运营的电商模式，这种电商平台旗下商品多为同一类型产品，大多为 B2B 或者 B2C 业务。垂直领域能够更加专注和专业地提供更加符合顾客人群的特定类型产品，满足某个领域的需求，更容易加深用户信任，加深顾客印象，因此十分有利于品牌传播。

与综合电商相比，垂直电商有四个显著优势：产品管理灵活，服务优质高效，信息整合度高，注重精细化运营。但它的缺陷也是显而易见的：产品线相对较窄，商品丰富度不足；经营策略较为固定，扩大市场份额和拓展新业务会有一定的局限性；监管和管理机制还有待提升；竞争模式容易被模仿。

与综合类电商相比，垂直电商的种种局限性，注定了其只能是电商在特定历史环境下的阶段性产物。垂直电商受众面集中，意味着其核心用户的黏性可能更大。未来，垂直电商转型为综合电商或者入驻综合电商平台的可能性比较大，借助综合电商平台相对低的流量成本，实现价值变现也不失为垂直电商的一条出路。

品牌圈层

近年来，品牌圈层成了电商营销的热词。圈层这个词是基于消费对象和消费能力而被给出的一种定义，代表以全新视角看待人群导向和消费品类边界。以圈层为沟通导向，能够帮助品牌自然锚定对自身文化有感召的受众群体，甚至能够得以突破品类的边界，为圈层受众创造更丰富的价值。例如奢侈品品牌 LV 与英雄联盟合作推出游戏皮肤，OPPO 携手《新世纪福音战士》进行深度联名，突破了品牌原本的受众圈，与更广泛的人群对话，从而传递了品牌的文化势能。

品牌圈层的本质是品牌与圈层参与者深度连接的共创式营销。圈层中每个参与者都希望通过交流、探讨与共同创造来发展圈层的文化与整体影响力。品牌展现出自身对圈层建设的诚意，就能有效调动圈层的创造资源，帮助品牌实现产品和营销创新。

时代在更迭，现今更多的消费话语权到了 9000 岁和 Z 世代的手中。在消费人群越来越年轻化的当下，品牌迫切需要找到一个切口来传递品牌价值。以社交电商为代表，逐渐分化出的社群电商和社区电商，成了最具代表性的聚集圈层。这也是品牌读懂年轻人、融入新生代的主要途径。

社交电商

社交电商是指将关注、分享、沟通、讨论、互动等社交化的元素应用于电商交易的一种方式，是基于人际关系网络，利用互联网社交工具从事商品或服务销售的经营行为。社交电商的核心是信任关系和高佣激励，它通过关系产生连接，再进行裂变。

所有带有社交属性的网上交易，都属于社交电商。微商就是最典型的社交电商，也是最初级的社交电商。

从营销方式来看，社交电商可以分为社交内容电商、社交零售电商、社交分享电商三种。靠内容拉动销售，专注于某一领域的优质内容，吸引有共同兴趣的人，形成一个社群，然后引导社群进行裂变和交易的，是社交内容电商，以小红书和宝宝树为典型代表；利用自己的人脉，整合产品、供应链、品牌，开设自己的分店，发展线上分销商，招募大量的个人经销商、加盟商，进行一件代发、分销裂变的，是社交零售电商，云集、京东拼购都使用这种方式；通过刺激用户从众、炫耀、兴奋等心理特点，鼓励用户分享、推广商品，吸引更多的朋友加入的是社交分享电商，最典型的代表就是拼多多。

从留存转化的角度来看，社交电商最需要关注的问题是如何围绕自己的产品做好内容，如何把自己的店铺装修得更好看，以及如何提升自己的品牌包装和产品质量。由于社交电商的分销渠道入门门槛较低，不可控因素较多（乱价、服务差、自我管理能力差、运营知识欠缺等），分销从业者的成长与培养成了社交电商的一大痛点。此外在产品层面，大多数社交电商的产品也只是达到了功能上的堆积，并不能在产品价值和用户价值的层面实现自我赋能。

从 2014 年微商兴起到现在，时代在发展，社交电商已经发展多年，之前单一模式的微商交易已有了新的演变，逐渐分化出了多种不同的形态。

社区电商

社区电商针对具有社区属性的用户进行交易，以便利为核心搭建商业模式。目前国内比较知名的社区电商有考拉精选、小区乐、商益云等。

社区电商的本质是区域化团购，相对于社交电商，社区电商距离用户更近，人群固定，更强调服务和复购。由于以社区配送为价值点，所以社区是场景的载体，社区连接了人和人，也连接了人和货。社区电商的团购模式如图 37-1 所示。

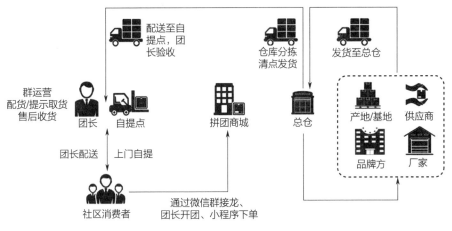

图 37-1　社区电商的团购模式

从消费端来看，社区电商的基本逻辑是"预售、次日达、自提"，这是社区电商的核心价值，其在以快速高效、高性价比的竞争优势为产业链赋能的同时，还解决了诸多行业尤其是生鲜类产品的痛点，例如库存问题和履约成本问题。中间流通环节的减少，也降低了损耗和加价。因此，相对于社交电商，社区电商具有快速高效和低成本的优势。

社群电商

社群电商是社交电商的一种较为理想的运营模式，是由具有共同特征的个体聚在一起形成群体，并以此作为企业与用户沟通的直接路径，与用户建立更多互动，获取更快反馈的一种模式。从某种意义上来说，社群电商是一套客户管理体系，通过客户的社群化充分激活企业的沉淀客户，它抛弃了传统的客户管理方式，将每一个单独的客户通过社交网络工具进行社群化改造，利用社会化媒体工具充分调动社群成员的活跃度和传播力。社群电商模型不仅适用于传统电商，也适用于移动电商，甚至它也适用于仅仅通过社交工具进行销售的微商。目前全国共有15000家左右社群组织，包括拼团社群电商的开创者拼多多、区块链技术社群电商蚁购等。

在社群商业模式下，用户因为被好的内容吸引而聚集成社群，而这些社群发展壮大，促成了更多交易，完成了商业变现。其中，内容是媒体属性，用做流量入口；社群是关系属性，用来形成流量沉淀；商业是交易属性，实现流量价值。如果把社群比作一个鱼塘，社群粉丝就是鱼。因此，社群电商运营的思路应该是：以饵诱之为上，捞者次之，炸鱼则为下下策。社群经营的基础是粉丝，粉丝是对品牌充满感情的铁杆用户，粉丝的消费行为也是基于对品牌的感情基础。社群经济的经营模式，先通过社群定位好目标用户，再通过对用户需求的研究生产相应的产品，最大限度地保证产品属性与用户需求相统一，而不是用产品去定义用户。社群运营要素如图 37-2 所示。

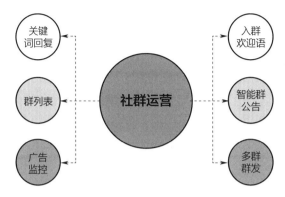

图 37-2　社群运营要素

社群是企业与用户沟通的直接路径。因为社群有很强的便利性与即时性，所以企业可以与用户建立更多的互动，更快地获取一些反馈。不管是高频低价的快消品，还是复购率不是特别高但价格高的行业产品，都可以在社群中售卖。社群场景侧重交流和分享，看重活动和内容。如知识问答、话题、圈子、活动、商品百科、行业知识、付费知识等，都可以成为社群的主题和活跃社群的方法。好的社群可以产生足够多的活动和内容，粉丝与粉丝间互动的频率和质量是社群的生命力所在。因此，匹配度高的商品和服务，能让社群成员形成对商品的高度关注。

虽然社群电商的发展时间较短，但经过几年的发展它也逐步探索出了一条科学化、标准化的运营道路，在接下来的一段时间内，社群电商将逐步实现去团长化、去微信群化，团长转变为店长，演变成"店 + 社群"，最终趋同于苏宁小店"团长 + 店 + 社群"的模式。

在如今以场景为趋势、以新生代人群为受众的品牌营销时代，品牌圈层的魅力在于总能将用户需要的产品在恰到好处的时间展现给他们，通过构建情感连接来实现产品价值。从搜索电商到社交电商，再到社区电商、社群电商，不断发展的电商模式将帮助企业寻找到更多精准用户、创造更高的品牌价值。

视觉符号

> 一个强有力的符号可以帮助品牌识别获得凝聚力和层次，并使品牌更容易得到再认和回忆。它的出现是品牌发展的关键因素，而它的缺位将是一个巨大的障碍。
>
> ——戴维·阿克

视觉符号是以线条、光线、色彩、表现、平衡、形式等符号要素所构成的用以传达各种信息的媒介载体，它的象征性不仅能够使人产生视觉联想，还能使人产生思维联想，进而达到情感的共鸣。

也许很多人记不住米其林的名字，但只要看到那个"轮胎人"，就一定知道是米其林；只要看到棕色底纹镶嵌老花图案的包，第一反应就是LV；身边驶过一辆汽车，一看见熟悉的人字标，就知道是奔驰；深蓝色的首饰盒上面印着一只天鹅，毫无疑问这是施华洛世奇……

品牌正是利用了视觉符号可以放大意义的原理，形成了大于商品价值的品牌价值。一个优秀的视觉符号能够让消费者有效接收品牌信息、聚焦品牌信息，并进一步影响消费者的行为、提升品牌识别度。为了更好地了解视觉符号是如何传递品牌价值的，本节将讲述视觉设计的四大元素、六种视觉符号和品牌溢价的四个技巧。

视觉设计四大元素

将品牌的信息概括、提炼、抽象，并转换成品牌视觉符号的过程，就是品牌的视觉设计。视觉设计的四个元素是内容、形式、色彩和空间。其中，内容是指传达的信息、主题和情感；形式是指采用的视觉形态、布局、构图和图形元素；色彩是指使用的颜色、明度和饱和度等色彩属性；空间是指视觉元素在设计中所占的位置、大小和关系等方面。这四个元素相互作用，共同构成了视觉符号的全貌，对传播效果有着至关重要的影响。

视觉设计的方法有很多，但最实用也是最有创造的一种叫作异质同构。什么是异质同构？简单来说就是用熟悉的元素，经过组合、排列等方法，创造一个富有新意的、具有冲突的新视觉图形，但这个全新的视觉图形又是大家所熟悉的、一看就懂的，即"用旧元素呈现新组合"。

例如中国平安银行的海报，就以英文字母重新组合创意出了各种体育竞技的动态形态。

总而言之，一图胜千言。视觉是人接收信息的第一步，大脑处理视觉信息比处理文字信息的速度快 60000 倍。视觉符号是极为重要的品牌认知资源，品牌应该把这种认知转化为品牌的生产要素。

六种视觉符号

不同的视觉符号能够激发不同人群的情感共鸣，视觉符号的种类有很多，包括 Logo、色彩、文字、场景、人物等十多种，其中最常用的有六种：

（1）Logo 符号。一个图标或徽章往往比千言万语更有说服力，例如粒子狂热的品牌 Logo，看起来就像是粒子分裂爆发在喷涌能量一样，特别有识别度。据它的消费者说，这样的标识非常特别，和普通的运动品牌都不大一样，而且能感受到"喷薄而出"的能量感，穿着去健身很有动力。这种有设计感、有个性、有意义、有区隔的标识，很好地传递了品牌的价值，消费者自然愿意以远高于同类商品的价格来购买。

（2）色彩符号。色彩是人们对事物的第一印象，也是最易识别的视觉信息之一。色彩不仅有视觉美化的功能，同时它的识别性也是电商品牌符号策划中用以分类的最佳手段。例如蒂芙尼的蓝、麦当劳的红和黄。有一个叫 Aquafresh 的牙膏品牌，把牙膏的膏体制成红、白、蓝三色彩条，红色有美白去渍的意思，白色代表防蛀固齿，蓝色是口气清新的标志，三色彩条代表三个功能。事实证明这个视觉设计是相当成功的，在一个实验中，有两组消费者尝试了两种不同版本的牙膏，一种是三色的，一种是普通的。果然，使用三色牙膏的消费者不仅认为牙膏效果要好 73%，他们还认为自己的牙齿看起来更白了。

（3）包装符号。在电商行业里，包装是消费者第一眼了解品牌的媒介和载体，是品牌与消费者沟通价值的重要工具。用包装作为视觉符号颠覆行业的电商品牌有很多，比如小罐茶、小仙炖、三顿半、简爱酸奶……有一个电商新贵品牌 Uniskin，一瓶眼霜卖 300 多元，比很多国际大牌都贵。它的包装在电商平台上甚至不用点击大图，都能感受到那扑面而来的设计感，毫无疑问这是一个很好的加分项。

（4）人物符号。提起慕思床垫，人们第一时间就会想起那个抽烟斗的外国老头，他睿智的眼神、专业的姿态、从容的气质，引起了很多高端消费者的情感共鸣。据说当年慕思邀请这位外国老人做模特花费极低，但这一人物符号却为品牌带来了极其丰厚的回报。许多顾客认为这个国际进口品牌虽然价格偏贵，但看起来上档次，质量也值得信赖。目前，慕思旗下的凯奇系列 KB-93 乳胶床垫标价为 6880 元，歌蒂娅系列 DB-80 乳胶床垫标价更是高达 9980 元，即使如此，顾客还是毫不犹豫地买单。

（5）动物符号。动物具有比人物更鲜明的性格特征：狮子威猛、猫咪可爱、狐狸狡猾、乌龟憨厚……当这些特征与人的性格产生情感连接的时候，品牌就拥有了个性，也就拥有了更高的品牌价值。京东的吉祥物小狗Joy，就用狗忠诚的特征传递了自己的品牌价值：永远忠于顾客。

（6）文字符号。文字是语言的书写符号，是人与人交流信息的视觉信号系统，不一样的文字、字体及风格，都能够增强品牌的识别度。例如"中国李宁"的符号，就勾起了消费者对李宁最辉煌时刻的记忆，重塑了品牌形象，且准确押中了越来越火的国潮风。

品牌溢价的四种策略

从消费者的角度来看，品牌溢价即品牌的附加值，就是他们愿意为这个品牌支付额外的价格。按照现代营销之父戴维·阿克的五星资产模型（如图38-1所示）来考察，一个品牌至少要具备五个维度的价值，才可以实现溢价。品牌资产的五个维度分别是：品牌知名度、品牌认知度、品牌联想度、品牌忠诚度和其他品牌专有资产。

图38-1　戴维·阿克的五星资产模型

如果沿用这一模型，那么品牌溢价至少包括三个要素：品牌专利垄断、品牌构建成本和品牌象征价值，如图38-2所示。也就是说，品牌溢价实际上是多方共同努力创造的结果，不仅取决于生产商的能力和意愿，更依赖于品牌方在消费者端所传播的品牌价值。因此，对于电商品牌来说，要实现品牌溢价，首先，要塑造大品牌与业内领先地位的形象，在长期的品牌传播过程中建立消费者对品牌的认同感和安全感；其次，要注重产品（服务）的创新，赋予产品更多的特性和内涵，以产品的差别化功能来补偿消费者支付的品牌溢价；最后，还要赋予品牌高级感和身份感，通过时尚独特的视觉设计来展现品牌鲜活的生命力。

图38-2　品牌溢价三要素

感性价值是品牌实现溢价的重要途径，而视觉符号能够很好地表达出个性和品位，正是这些个性和品位创造了品牌的感性价值，从而真正地实现了品牌溢价。

品牌背书

> 背书使你跳过了与客户发展信任所需的步骤，这些步骤通常需要好多年的时间，耗费成千上万美元。在无人推荐的情况下，想到外部市场争取客户的成本很高，而背书的费用不高，却可以产生有效的结果。
>
> ——杰·亚伯拉罕，《优势策略营销》

品牌为了增强在市场上的承诺强度，通常还会借用第三方的信誉来对原先品牌的消费承诺做出再一次的确认，这种营销策略就叫品牌背书。通过品牌背书，被背书品牌能够再度强化对于消费者先前的承诺，并与之建立一种可持续的、可信任的品牌关联。

为什么品牌背书能够在消费者之间产生品牌关联呢？因为品牌卖出高价的前提是信息不对称，正是这种信息不对称，才让品牌背书有了必要性：一方面，它加强了消费者对品牌的了解和信任，缓解了信息不对称的局面；另一方面为品牌提供了自我抬升的空间，进一步增加了信息的不对称，获得更高的品牌溢价。消费者每天都被大量的信息所包围，而他们处理信息的能力是有限的。消费者往往只会抓住几个关键环节所传递出的信息进行过滤，并找出其主线作为得出购买决策的依据。

专家招牌和明星效应就是典型的品牌背书方法，借助于专家的权威或明星的人气，通过圈层和社群的内容运营，使消费者在潜移默化中对产品产生移情，从而实现品牌价值的传播。所以从电商运营的本质上讲，品牌背书就是一种在 IP 电商模式下的 KOL 运营方式。

前面已经讲过 KOC，也就是关键信息提供者，那么 IP 电商又是什么呢？

IP 电商

IP 电商是指以流量内容为核心进行社会化媒体传播和社群运营的电商模式。IP 流量变现有两种方法：一种是公共 IP，为其他商业引流，如吴晓波频道；另一种是自身导流，直接变现，即 IP 电商。

IP 电商的早期模式是前端流量，后台商业，现在已经进化成"IP + 社群 + 用户"，即"内容运营 + 粉丝经济 + 社群电商"的模式。因为 IP 本身的变现能力变弱，就需要通过社群筛选、转化。IP 电商模式如图 39 – 1 所示。IP 本身所具备的人格化、符号化特征不仅直接将内容设计为符合电商销售逻辑的产品，同时也是孵化和运营亚文化社群的内容基础；反过来，内容产品本身又会创造新的用户黏性和流量。

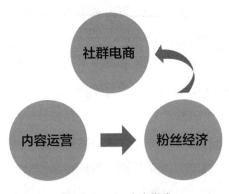

图 39-1　IP 电商模式

在这种模式下，电商本身就是内容。选择什么样的商品和服务，就定义了什么样的 IP 气质和人格要素。电商的关键词商品、流量、渠道，在 IP 模型里分别与内容、社群、粉丝一一对应。好的商品和内容的一体化，特定应用场景的设计，尤其是社群运营成了有效流量的关键词，也是 IP 电商模式运作的三部曲：

第一步：电商内容化，商品人格化，流量社群化。

第二步：内容商品化，人格 IP 化，社群流量化。

第三步：IP 品牌化，社群亚文化，流量平台化。

2022 年，肯德基在新推出的六一儿童节套餐中搭配了一款可达鸭的音乐盒玩具，网络上随即刮起可达鸭"旋风"，大量消费者前往肯德基购买儿童套餐，有些甚至不惜寻求"代吃"业务，一时间"一鸭难求"。可达鸭玩具造型简单、玩法单一，但由于晒"鸭"群众各类搞怪的创意，不同类型的可达鸭搞怪图片和视频在网络上迅速走红，成为绝佳的短视频素材，贴上"早日退休""我要暴富"等纸片，搞怪又直击时下热点话题，社交平台上随即掀起了晒"鸭"热潮。

可达鸭的爆红实际上就是一个 IP 背书的典型例子：首先，商家充分把握住了消费者的喜好，有针对性地推出他们接受度高、喜爱程度高的 IP 内容，然后在内容运营的基础上辅以创新的交互体验，最终利用消费者的口碑完成了品牌背书。

当前，以 9000 岁和 Z 世代为代表的新生代已成为消费主力群体，"悦己"消费成了新型的消费习惯。在 IP 电商模式下，品牌具备了一定的行业风向敏感度，能够深度挖掘流量市场并聚焦潮流趋势，产品的供应也由私人定制和限量供应取代了流水线的规模生产，正好迎合了这个群体的个性需要和情感诉求。

KOL 策略

IP 电商＋品牌背书＝IP 背书。而 IP 背书又分为 KOC 背书和 KOL 背书，KOC 前面章节已经讲过，就是关键信息提供者，在上文可达鸭爆红的案例中，那些在网上晒"鸭"的消费者就是典型的 KOC。

KOL 和 KOC 都属于品牌背书中的个人 IP 背书。个人 IP 是一种被市场催生出来的 IP 形象。在个人 IP 市场形成的早期，大多数 KOL 还停留在将自己塑造成专家形象的阶段，并没有过多地运用运营手段进行专业化的运营。但是当个人 IP 的标准化运营路径被摸索出来，而且很多时候、很多领域用专家来描述个人形象并不恰当，个人 IP 的概念应运而生。

KOL 可以简单地理解为在某一领域中形成公共认知的个人形象，也就是所谓的红人经济。它具有三个明显特征：垂直领域、特定形象、共同认知。

首先，KOL 都必须深耕垂直领域。对于粉丝来说，获取需要的内容是建立连接的基础，粉丝从个人 IP 处获取自己需要的内容，才会对个人 IP 施以持续性的关注，也是对个人 IP 未来输出垂直内容的期待。因此，个人 IP 本身让粉丝信任的基础就是集中输出垂直内容，潜移默化地影响粉丝心智，树立在本领域中的威信。这样根据这个个人 IP 所聚拢的粉丝才是精准的粉丝，才会具有较高的商业潜力。对于平台来说，平台也需要通过个人 IP 的标签来进行流量分配，让账号的数据更加亮眼。平台分配给每一个视频的流量都是有限的，再热门的视频流量也不会无限增长。垂直化的个人 IP 更容易让平台进行内容识别，也会让流量更精准、更容易成交。

其次，KOL 必须塑造特定的形象。KOL 的落脚点在于强背书，这也是在各大平台中最常见的个人 IP。因为在涌现个人 IP 的领域中，大部分都是新生领域，并没有已经成型的标准和学术论作，更没有传统意义上的专家作为行业规则的制定者，在粉丝心中并没有评定个人 IP 价值的标准。这种时候就必须利用 KOL 背书来佐证个人 IP 输出内容的价值，让粉丝相信个人 IP 有能力持续性地输出有价值的内容。明星代言和专家测评都是属于典型的 KOL 背书。

最后，KOL 必须和粉丝构建共同认知。简单来说，就是让所有粉丝，至少绝大部分粉丝都认同我们就是某种形象的代表。形象的塑造并不只是单账号内容输出就可以完成，也需要通过个人 IP 联动、直播、其他媒体平台曝光等形式共同塑造 IP 的具体形象。每位粉丝之间存在着信息差异，如果没有足够的内容把控能力，就会让不同的粉丝群体对个人 IP 产生不同的认知。一旦出现这种情况，粉丝为个人 IP 付费的转化模型就会不同。这也是有些账号数据很好，但是变现困难的原因之一。品牌与 KOL 和粉丝的关系如图 39-2 所示。

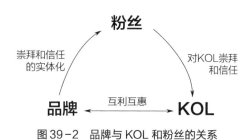

图39-2　品牌与 KOL 和粉丝的关系

在 IP 电商的模式下，KOL 可以提供强有力的内容加持，使"引流—截流—转化—复购"的整个过程更具成效。首先，KOL 本身的自带流量就是整个转化过程的初始流量，只要搭载转化信息的内容足够优质，后续平台还会分配给 KOL 足够多的流量。其次，KOL 往往会提供密集的价值点，使用户对 KOL 提供的内容产生价值预期，从而对 KOL 交付自己的注意力，这在本质上是一种流量和用户的截流。此外，转化的基础是信任，而 KOL 的信任是由积年累月的价值输出和本身的背书共同造就的，KOL 本身就对粉丝的消费行为具有相当的影响力，尤其是忠诚度高的粉丝，他们会为 KOL 的转化活动买单。最后，KOL 只要持续为用户输出内容价值，用户就会把基于价值的信任持续转变为对 KOL 所提供的付费内容的信任，也就是复购，这也是 KOL 长远价值的体现。

目前的 IP 背书已经发展到了靠模式驱动的发展阶段，所有品牌都在不断探索新的内容领域，争取成为新细分领域的领跑者。在这条赛道上，品牌应该占据先发优势，与更多头部 IP 合作，通过构建用户与产品的规模优势来形成品牌的护城河。

品牌舆情

在一条大街上，摆了很多卖刀的小摊，所有的摊主都在高声叫卖，只有一个人一言不发，默默地拿着刀切铁丝，切完铁丝又切棉花，于是看到这一幕的人都知道他的刀重可削铁如泥，轻可斩丝断线。一传十，十传百，很快这个人的刀成了人们购刀的头号选择，越来越多的人慕名前来购买。这就是口碑的力量。

品牌舆情就是品牌口碑，是以口碑形式存在的品牌印象，是品牌动态表现的一种形式，它的具体表现包括人们口头上对品牌的赞颂、众人对品牌的各种议论和评价。品牌舆情可以是正面的、负面的，也可以是中性的，品牌舆情的变化会对品牌的声誉和市场表现产生重要影响。

随着移动互联网的发展，社会进入了一个人人皆媒体的时代，人人都是"发声筒"，任何人都可以通过媒体平台传播信息，这使得企业的品牌舆情管理的难度陡增。企业品牌的塑造需要几年甚至几十年，却有可能因为一次负面舆情在一夜之间毁于一旦。2022年，李宁因服装新品设计而陷入舆论质疑，有网友认为该新品的设计与侵华日军的军服相似，其中帽帘和军绿色的元素成为质疑重点。这起事件涉及了品牌、民族、营销等多个舆情热点，引发了社会的持续高度关注，李宁也随之遭受了品牌创伤和股价下滑的多重打击。因此，正确积极地管控品牌舆情，是现代电商品牌的重要课题。

品牌舆情不仅反映了主流消费者对品牌的口碑和认知，也代表着这部分消费者潜意识里的情感价值和消费需求。通过对品牌舆情的分析和监测，我们能够挖掘出品牌的深层机遇，也能够提前预知品牌的潜在危机。那么电商应该怎样建立口碑和传播品牌价值呢？当今时代前沿的热点话题又有哪些呢？

制造热点

在内容为王、流量至上的新媒体时代，一个好话题的影响力是巨大的，选对话题才能制造热点，才能让品牌火爆出圈。

要迅速捕捉热点和制造话题，首先要快速了解"热点"的事件始末和舆论中心，并确保内容的可靠性；其次要快速让品牌宣传融入热点话题中；最后要快速在线上与线下进行分享传播，吸引大众视线。从当代消费者最关注的事件类型和以往的成功案例来看，品牌可以从以下几个方向来制造热点：

（1）节日活动。重大的节日或活动一般都能引起大众的期待和讨论，品牌可以利用现成的热点话题，将品牌与节日或活动融合在一起，让受众看到品牌的亮点。比如端午、国庆、清明等节日，以及春晚等重大晚会。

（2）热点新闻。热点新闻本身的"聚焦性"，品牌也可以加以利用。但要注意品牌自身与热点话题的结合度，避免利用一些负面新闻的热度。

（3）社会痛点。利用社会痛点激起人性的思考，有利于建立和宣传品牌的价值观，获得受众认同。品牌在反映社会与时代现状的同时加入人文关怀，容易形成受众对于品牌的好印象。

（4）名人轶事。利用明星、KOL等知名人物的社会影响力和号召力从圈内向圈外扩散，这种方式风险低且成效较快，但要格外注重"借光"的度，让受众能够通过名人形成对品牌的记忆点和好感度。

综上所述，品牌在制造热点时，话题的选择是重中之重，既要符合品牌自身的调性，又要在品牌和话题的营销创意上下功夫，让大众在情感层面产生共鸣，从而引发讨论和 UGC 内容的传播，迅速形成热度。同时，在话题发布后，还要辅以合适的推广渠道和手段。

国潮风

大批企业着力发展具有文化特质的产品，通过对品牌文化内涵的完善，导入中国文化价值观，形成了新国潮消费风尚。与十年前对比，国潮热度迅速增长，78.5% 的消费者都愿意为国产品牌买单，国潮风已经成了一股澎湃的消费洪流。

国潮从字面上拆分可理解为：国风 + 潮流。国潮主打各种国风元素，是东方文化内涵与现代潮流审美的融合，其最根本的文化源头还是本民族的文化底蕴。国潮元素多种多样，运用最广泛的首先是中国最基础、常见的元素：汉字。汉字本身作为一种象形文字，再加上几千年的演化，就实现了既具备古老的神秘感，又带有沉甸甸的文化厚重感。如经典例子"中国李宁"，他们的设计师把这四个字以宋体田字格的形式粗犷直接地在衣服上展现出来，既让我们感受到了浓浓的中国味，又带有运动潮牌的张扬直接，因此给人一种酷而潮的感觉。其次，除了汉字，大部分国潮风格产品还喜欢使用红蓝、红白、红黑这样饱和度较高的颜色，以及鞭炮、脸谱、大熊猫等充满民族特色的元素符号，既让人感觉到坦率厚重，又会产生一种亲切感，唤醒儿时的记忆。

目前，国潮品牌利用极为常见的国风元素与国货产品的结合，凭借其独有的文化优势、有趣的营销手段频频成功地从品类中"出圈"。从"冰墩墩""雪容融"迅速走红，到故宫文创产品大受欢迎，从冰雪体育运动为主题的雕塑，到老字号品牌不断推陈出新，文韵悠长的国潮带动了一款款产品销售火爆，一个个品牌发展壮大，成为拉动消费、扩大内需的重要力量。

国潮的流行，不仅彰显着中国制造水平的提升，更体现出当代中国旺盛的文化创造力。春联福袋、"国潮"盲盒等新品销售火爆，多地举办的国潮演出精彩纷呈，古风主题集市提供吃住行游购娱等周到服务……越来越多的国潮产品找到现代生活中的接入点并更深地融入日常生活。

国潮风既是经济现象，也是文化现象。国产品牌能有今日之成就，是在民族认同感和文化自信不断增强、互联网媒介推动等多种因素的加持下而形成的崛起。当然，只靠情怀无法长久生存，靠品牌才能最终留住年轻消费者。回望历史，立足当下，坚定自信，不断创新，打造更多体现当代中国人审美趣味、文化精神的国潮品牌，能让我们的生活更有文化气息，也能让中华优秀传统文化得到更好传承。

传统三大电商平台：
淘宝、天猫、京东

　　目前，国内电商平台已经处于阿里巴巴、京东分庭抗礼，其余电商平台遍地开花的竞争格局。在未来，电商还将分化出更多新兴的平台，这是电商发展的大势所趋。

　　从运营手法和平台性质来划分，可以把电商平台分为传统电商和新媒体电商两类。传统电商就是常说的搜索电商，比如淘宝、天猫、京东、拼多多，也被称为一类电商；新媒体电商则是指抖音、快手短视频直播平台及小红书、B站等种草类新媒体平台，也被称为二类电商。

　　根据电商的行为特征和用户群体来划分，电商平台又可以分为ABC、B2B、B2C、C2C、B2M、M2C、B2A（即B2G）、C2A（即C2G）、O2O等。其中B2B的代表为阿里巴巴的1688，即企业面向企业的交易；B2C的代表是天猫、京东，即企业面向终端消费者的交易；C2C的代表是淘宝，即个人卖家面向个人消费者的交易。

团购平台：
拼多多

　　不同电商平台的游戏规则是不同的，但是也是相通的；不同电商平台的特质属性是不同的，但是也是互补的。相通的是考验商家的物流、生产供应链能力，产品的品质，客户的服务，品牌的营销能力；互补的是规则的完善、推广工具之间逻辑算法的融合和补充。

　　随着电商的自我演变和完善，各类平台之间的边界开始模糊，无论是在商业模式上还是市场运营上都开始互相借鉴、互相融合、互相同化，新媒体电商开始逐渐学习淘系的算法高阶技术，而传统电商开始学习新媒体趋势下的变化和升级点。

　　在新电商时代，真正合格的电商运营应将传统电商运营和新媒体电商运营相融合，做到内容平台和电商平台的有力互补。本篇内容将在电商分类的基础上，分别讲述不同电商平台在实战运营上的不同之处和相通之处。

第六篇

实战演练

传统三大电商平台：
淘宝、天猫、京东

我们熟知的淘宝和天猫都是属于阿里巴巴旗下的企业。其中，淘宝成立于2003年5月10日，业务跨越C2C、B2C两大领域，经过多年的发展，目前已是亚洲最大的网络零售商圈；而天猫是2010年11月1日从淘宝中分拆独立出来的，目前天猫是亚洲最大的B2C购物网站。天猫整合了数千家的品牌商、生产商，为商家和消费者提供一站式解决方案。例如提供100%品质保证的商品、7天无理由退货的售后服务。

京东则是中国最大的自营式电商企业，在线销售家电、数码通信、电脑、家居百货、服装服饰、母婴、图书、食品、在线旅游等12大类、数万个品牌的百万种优质商品，凭借全供应链和阿里巴巴分庭抗礼，占据了电商市场的半壁江山。

作为目前国内电商平台的三大巨头，淘宝、天猫、京东在商业模式和运营方式上有什么区别呢？

先来看看天猫和京东。同为国内著名的B2C网上商城，这两个平台上的商品一般都具有强有力的品质保证，天猫旗舰店和京东自营都是由品牌商直接提供商品的。但是细分起来，它们又有五个明显的区别：

（1）产品领域不同。天猫是一个开放性平台，主要是由商家入驻旗舰店，由第三方品牌商入驻，天猫的发货依赖于第三方物流；京东采用的是自营模式，在全国有八个自建仓库，多数产品是由京东自主经营的，只有少量资源会开放给企业或其他组织经营，买家下单之后由最近的仓库发货。

（2）盈利模式不同。天猫的盈利模式：①收取技术服务年费和实时划扣技术服务费；②实行广告付费和关键词竞价收费；③进行软件和服务收费；④天猫商城本身并不参与商品的销售和服务，商品的销售、配送和售后服务均由卖家自己负责，从而大大降低了配送和售后服务成本。京东的盈利模式：①以低价的方式实现大规模销售，从而获得利润；②收虚拟店铺出租费，包括店铺租金、产品登录费、交易手续费；③广告收费；④靠厂商返点和其他补贴获利。与天猫相比，京东的80%盈利来自于自营。

（3）物流系统不同。天猫物流全靠第三方物流商支撑，主要是"三通一达"以及邮政EMS，本省可以做到当日达、隔天达，外省则需三天左右到货，偏远地区会花费更长时间；京东的物流系统是自建的，在全国大部分城市设有物流配送中心，基本能实现当日到达。

（4）搜索规则不同。天猫拥有较强的店铺概念，如店铺搜索、店铺评分，店铺影响商品的权重；京东的店铺概念较弱，主要按商品搜索。

（5）售后服务不同。在天猫，如果客户有售后问题，首先要找店铺进行售后处理，若沟通不顺畅，再由天猫客服介入；京东售后服务相对较好，产品有问题，出示品牌制造商的证明书后可以退货。

那么，同为阿里巴巴旗下的淘系平台，天猫和淘宝之间又有什么区别呢？主要有以下三个方面的区别：

首先是商品质量不同。淘宝是一个开放平台，任何商家都可以进驻。因此，淘宝上的商品质量参差不齐。而天猫则只允许官方品牌进驻。因此，天猫上的商品质量相对较高。

其次是商品价格不同。淘宝上的商品价格相对较低，因为它的竞争更加激烈。而天猫上的商品价格相对较高，但品质有保证。

再次是产品服务不同。相对于淘宝来说，天猫在服务方面做得更好。因为天猫只允许官方品牌进驻，所以其服务更加专业，而淘宝则需要商家自己维护客户服务。

最后是目标用户不同。淘宝的用户群体更加广泛，包括价格敏感的消费者和小商家。而天猫的用户更多是注重品质和服务的消费者。

传统电商的运营是以内容运营为主，通过突出产品的视觉效果、文案效果来打造产品的卖点。比如说在产品主图上写上"无效全额退款""某明星同款"，或者附赠一些写有文字的小卡片、小礼物等。但在直播行业迅速崛起的背景下，分享式的裂变逐渐取代了传统搜索，直播开始取代内容成为传统电商平台的主要运营方式。

以淘宝直播为例，2021年淘宝实现了直播带货5000亿元的市场规模，在目前阿里巴巴的分配规则下，淘宝直播在2023年有望实现8000亿元左右的市场规模。从性别结构上看，越来越多的男性开始参与直播购物，2019年淘宝直播的男性消费者比例已近40%；从城市线级上看，淘宝直播的主要用户群体既有小镇青年，也有二三线城市职场精英；从年龄分布上看，淘宝直播的用户群体集中在80、90后，其次是70后，00后也已经占据相当大的比重；从城市分布上看，淘宝直播的用户群体在北上广深等一线城市的人数最多。女装仍是淘宝直播用户最爱买的商品。男性用户更偏好3C数码、大家电、家装、汽车、运动户外等商品。2021年10月31日晚，湖南卫视联合天猫打造的湖南卫视天猫双11开幕直播盛典引爆成为现象级事件。这场以"一起挺我们"为主题的品牌盛典，全程将"挺"字深化，用万物皆可播、时代购物等全视角解读主题内涵，同时通过直播形式的融合，由1块大屏链接17块小屏，将电视娱乐场景和电商消费场景有机衔接，引发了双11的购物狂欢。这种电视场景与电商场景的多维度互动，未来将成为电商晚会IP打造的常态。

直播电商一开始是为了提升流量、变现销量，甚至是改善电商供应链效率而存在的，它本身是为大量品牌商自播而准备的。电商市场在 2017 年前后就开始进入存量市场，电商行业面临流量红利见顶的难题，头部电商平台一方面没有新增流量为整个行业的增长赋能，另一方面，对于老用户的维护推广成本也在不断上升，而直播产生的社交流量成本较低且转化效果显著，因此成为众多商家获取流量的新方向。

　　未来，互联网将从流量红利逐步转向技术创新红利。随着国家鼓励科技创新，以及互联互通的大趋势，以淘宝、天猫和京东为代表的传统电商将迎来更大的流量规模、更广阔的生态系统与更持久的动力。

42

短视频平台：抖音、快手

根据华经产业研究院的调研数据，截至 2022 年 6 月，我国电商直播用户规模为 4.69 亿人，通过短视频直播进行网购消费的用户占总网购用户比例达 49.7%。目前，国内最大的直播电商平台是抖音和快手，日活用户已超过 6 亿，二者分庭抗礼，抖音在中国的市场份额已经达到 50.2%，快手为 37.3%。

相对于传统电商的经营模式，抖音与快手无论是从变现路径的设计，还是团队配置，乃至于所需的核心竞争能力，都与之有本质不同。传统电商是用户主动购买，直播电商更多的是面向公域流量，用户往往是被动购买。也就是说，用户想买某个产品，传统做法是先有需求，再通过关键词搜索购买，属于"人找货"；但有了直播电商之后，用户是在刷短视频的时候，无意被某个直播间的产品吸引，然后才产生需求，是"货找人"。

顾名思义，"货"是最根本、最关键的转化要素，也就是电商中常说的"产品为王"。产品是企业和用户之间价值兑换的载体，无论是直播还是视频，转化变现最终都要靠产品本身的驱动力，要让产品自己说话，让产品自燃自爆。只要对抖音、快手上那些容易引爆的产品进行深入分析，不难发现它们的共同特征无非就是四个字：热、新、特、精。

所谓的"热"，就是能通过产品的操作给予用户参与感、能通过产品的使用唤醒用户的场景联想、能通过产品的设计触碰到用户痛点、能通过产品展现用户向往的生活。例如某款红枣蜂蜜，商家把产品设计成勺子的形状，打破了产品的传统形态和冲泡方式，在抖音、快手平台上只需要通过简单的展示，就能让用户直观地感受到它的便利性，也就是它的创新价值。

所谓的"新"，则是新感新颜，是指用户第一眼看到产品时感觉焕然一新、眼前一亮。如一款克莱因蓝色的旅行箱，用户在抖音、快手上划屏时，会感觉眼前一亮。哪怕一时不用，也愿意去了解这是哪个牌子的旅行箱。

所谓的"特"，就是趣味奇特。80后的办公室群体以及90后、00后为代表的年轻一代用户成为新奇特产品的主流消费人群，同时他们也是抖音消费群体的主力军。如一款很有趣味性的兔子耳朵卡通拖鞋，在走路的时候，旁边的两只耳朵就会随之摇摆，看起来非常活泼，也能快速吸引到追求新奇产品的用户。

所谓的"精"，是指产品精致，富有仪式感。比如某款钢笔增加了磁悬浮的功能，在外观上采用了更精致的金属质感设计，作为礼品也拥有了更大的获客空间。

所以，具备上述这些特质的产品，在抖音、快手平台基本上都能够火爆起来。那么这些产品究竟契合了平台的什么特性，又满足了平台的何种要求呢？能否沿着这种特性挖掘出更多的爆款，找到源源不断获得爆款的方法呢？

要回答这个问题，就得弄清楚抖音、快手的平台特性和根本逻辑。

首先是算法机制。抖音、快手的崛起本质上是内容流量与商业流量的融合，在抖音、快手精准的算法机制与极高的用户覆盖率下，每个视频都有充分被展示的机会。这就意味着，能够满足"大人群＋小切口"的产品，将更有可能在市场中成为爆款，更容易在抖音、快手上火起来。"大人群"是指能够满足更广泛的人群刚需的产品。在传统的搜索电商中，这样的产品虽然覆盖面广、体量大，但是往往需要靠销量排序才能获得更多的展现机会，而抖音、快手因为其推荐机制与极高的曝光效率，更容易产生规模效应，同时面临的竞争也更小。"小切口"则是指产品切中用户的需求点要精准，要针对特定的消费需求场景去提供产品解决方案。产品切中用户的需求越精准、越深入，与客户连接的路径就越短，沟通的效率则越高。

其次是互动传播。抖音、快手作为信息流、社交流、商业流三流合一的平台，特别注重客户的体验感。因此，这些平台的用户情绪生发、信息互动与传播、情感共鸣的速度，远远高于传统电商平台。正是基于此，在抖音、快手上能够火起来的产品，大多能够给用户充足的交互感，能够在用户的反馈中快速迭代，能够让用户愿意去分享给身边的人，也能够在购买之后忍不住炫耀曝光的产品。

最后是感知强化。作为以视频传播为阵地和广告载体的电商平台，抖音、快手对消费者的感官刺激是要远远强于传统的页面呈现的，有着普通详情页所无法给予的视觉、听觉等维度的触达优势。比如过往展示一瓶饮料，只能通过文案描述风味，通过图案突出产品。而在抖音、快手上，它可能是消费者立刻听到瓶盖拧开时气体喷溅而出的畅快声音，可能是模特喝进去时面部、肢体等富有层次感的表现。

当前的短视频和直播行业发展迅速，竞争日益激烈，各大厂商都在不断推出新功能和新创意来提高竞争力。近几年消费者的消费习惯有了较大的改变，大环境的刺激和市场需求将抖音、快手推上了电商平台的风口，这是机遇也是挑战。随着抖音、快手的发展势头越来越迅猛，未来会涌现出更多基于短视频交互特性而研发创新的爆款产品。

在抖音、快手上持续盈利的运营秘诀就是：洞察平台特质、抓住用户需求、总结爆款特征、持续产品升级。

团购平台：拼多多

提到拼多多的产品，很多人第一时间想到的就是"便宜没好货"。作为一个靠低价策略制胜、面对下沉市场的电商平台，这个标签自从拼多多诞生的那天起就如影随形。尽管产品质量备受诟病，但它的发展速度却不容忽视。拼多多自 2015 年 9 月成立后，仅仅用了不到 10 个月时间，单日成交额就突破了 1000 万元，付费用户数突破 1 亿。根据极光数据的调研结果，截至 2020 年 6 月底，拼多多活跃用户排名综合商城类第二，仅次于淘宝，渗透率同比 2019 年同期增长 13%，排名全网第七。而 2023 年拼多多一季度财报（见表 43 - 1）显示，公司营收实现 376.37 亿元，同比增长 58.18%，净利润为 81.01 亿元，同比增长 211.6%，营收和利润都远超市场预期。而与之对应的，是工信部发布报告称 2023 年一季度，我国规模以上互联网和相关服务企业整体收入同比仅有 1.6% 的增长。

拼多多为何能在电商群雄争霸的局面下迅速崛起？首先得从拼多多最初的市场定位说起。在 2015 年互联网平台经历的那场"千团大战"中，无数个团购平台在战火中相继倒下，美团作为仅有的幸存者，也很快转移了战略方向，低价购物平台就此出现了缺失。于是拼多多抓住了这个良机，把目光聚焦在了三四线城市和农村市场。这些用户群体的网购需求巨大但收入不高，对价格更为敏感，很多时候会为了几元钱的差价反复对比。拼多多投其所好，利用低价策略迅速抢占了这一市场。其实在很多细节上，我们都可以看出拼多多对这个市场的重视。比如许多店铺的商品下面都写着"支持乡镇物流点提货"，这方便了农村用户收货。除此之外，基于拼多多自身的智能算法以及分布式 AI 技术，平台也可以通过对用户的购买行为进行分析，从而为农村用户推荐他们更有意向购买的商品。拼多多还可以利用自身所掌握的大数据优势，对于不同地区用户的购买习惯进行分析，从而更加合理地进行资源的分配。

表 43-1　拼多多 2023 年一季度部分财报数据

财务指标	数值	同比增长率
营业收入	367.37 亿元	58.18%
净利润	81.01 亿元	211.6%
营业支出	195.83 亿元	35.3%
营销毛利率	70.44%	—
销售净利率	21.52%	—

从拼多多的财报数据中可以看出，销售和营销费用在其支出中占比极高。综艺赞助使得拼多多在短时间内获得了极大的曝光量，短时间内的大量曝光会使更多的年轻人愿意去尝试这种新的"拼团购物"方式。这为拼多多斩获了一大批潜在用户。此外，微信作为拼多多的股东之一，也在其成长的过程中发挥了不可忽视的作用。微信的低成本流量成了拼多多运营的一个基础。用户在拼多多上进行挑选、拼团、购买直到下单的每一个环节被引导着分享到微信，相较于微信对其他购物平台分享链接的"封杀"，拼多多依靠着自身与微信的独特关系能够享有这一资源。通过好友圈裂变式的分享，拼多多将商业性的分享行为嫁接在了人际关系中的"熟人关系"之上，有了好朋友或熟人的背书，用户在使用该购物平台时也会减少许多顾虑并更加信任这个购物平台。

从营销角度来讲，拼多多的低价策略实际上是四个层面的差异化策略：营销节奏差异、管控力度差异、广告效果差异、平台补贴差异。具体来说，首先拼多多专注于日常促销，而天猫、京东则以打造大型促销活动为主；其次在商品溯源上，拼多多的管控力度显然不如天猫、京东；在拼多多上的商家更愿意通过降价而非投放广告来吸引客户，因为拼多多通过百亿补贴等活动承担了商家的降价成本。

从流量逻辑上讲，拼多多对淘宝、京东可以说是点对点的直接进攻。即拼多多要求入驻的产品必须是从天猫上的某个链接挂过来，卖家再针对这个价格进行降价。换句话说，用户在淘宝上找得到的所有产品，拼多多上的价格都会比它低。这样一来的结果就是拼多多获取了原本属于淘宝的部分流量，造成相当一部分淘宝用户转向拼多多。那么这对淘宝造成的冲击有多大呢？有一个可靠的数据：拼多多直接斩获了淘宝 20% 以上的流量。要知道，淘宝对卖家是有分级制度的，这个制度把卖家分为七个不同的层级。其中第四层级以上的卖家为平台贡献了 80% 的销售额，所以它们占了 80% 的流量。而一二三层级的卖家呢？一二三层级数量极大的卖家群体，占了 20% 的流量。所以说拼多多的出现，相当于直接让淘宝一二三层级的流量完全消失。

综上所述，依靠强大的用户基础和低价策略，拼多多一跃成为电商中的黑马，成立之后发展态势势如破竹，只用了 3 年的时间就在美国纳斯达克成功上市。2019 年，上市仅仅 1 年的拼多多市值超过京东，成为中国第四大互联网企业，仅次于阿里巴巴、腾讯和美团。

低价营销和拼团模式给拼多多带来的用户体量和流量价值是非常可观的，但同时它的缺陷和弊端也是显而易见的。长期的补贴造成了财务方面的巨大压力。对于用户而言，在习惯了补贴之后，如果拼多多减少甚至取消了补贴，他们是否仍会选择在拼多多上购物？用户的忠诚度并不能通过补贴来得到保证。此外，低价还可能带来另一个问题，那就是品质不良商品的泛滥。消费者的消费理念是在不断升级的，现有的倾向于购买低端产品的用户群体逐渐会趋于购买中高端商品，如何在低价的同时保证产品质量仍是拼多多未来转型面临的最大问题。

　　拼多多的成功源于低价和泛用户，这两点也正是拼多多无法和阿里巴巴、京东抢夺流量的短板。但面对用户流量触顶的瓶颈，拼多多的下一步是去和阿里巴巴、京东抢夺流量、走规模经济之路，还是深挖现有用户需求采用范围经济的模式呢？让我们拭目以待。

私域流量平台：微信

《私域流量》一书中分享过一个真实案例：一名 90 后率领了一支 20 人团队，利用 100 个微信个人号给用户提供预订酒店的服务，实现了一年收获 8000 万元的业绩，并且复购达 80% 左右。这个案例充分展示了以微信为载体的私域流量池强大的变现能力。

什么是私域流量呢？私域流量是基于公域流量提出的概念，主要是指品牌或个人自主拥有的、可自由控制的、免费的、可反复利用的流量。在粉丝数量相同的前提下，微信粉丝就属于私域沉淀，而抖音粉丝则不是。因为抖音发布的内容受平台推荐算法制约，无法保证每个视频都能触达所有粉丝，所以抖音不算纯私域的流量平台。

私域流量本质上是一种直面用户的商业模式，可以提升用户的转化率、复购率和裂变率。从营销角度来讲，只要私域的内容合理、操作得当，就能降低获客成本和提升品牌价值；从用户管理角度讲，私域通过自有流量池，与用户建立强信任关系，并通过用户全生命周期的运营，形成从品牌到用户的闭环。

私域流量的发展大致分为四个阶段：在 2010 年之前，私域流量其实就是企业线下门店；从 2010 到 2016 年，随着移动互联网和微信社交的爆发，线上私域流量运营萌芽，以企业自建 App 和微信生态为主的私域玩法逐渐兴起，微信端运营以个人微信、社群、朋友圈、订阅号、服务号为主；从2017年到2018年，电商流量红利逐渐见顶，公域流量被巨头垄断，私域流量得以快速发展，这一时期微信诞生了小程序、淘宝孵化了微淘，同时，快手、抖音等短视频平台纷纷崛起；而从2019年开始至今，微信加速推广主打SCRM功能的企业微信，逐渐成了私域流量池构建的最佳选择。虽然淘宝、抖音在一代代版本的更迭中也推出了社群功能，但是目前在国内，微信在社交类App中可以称得上是难逢敌手，超高的用户数量＋超强的用户黏性彰显着它作为私域流量载体的无可替代性。

在功能应用上，微信可以说具有得天独厚的条件：订阅号、服务号、微信群、小程序、个人号、朋友圈，这六个主要私域流量阵地可以完整覆盖"引流—激活—留存—转化—传播"整个用户运营的生命周期。

1）订阅号：以媒体属性为主。适合企业根据自身已经规划好的品牌定位进行运营，包括视觉形象的建立、价值内容体系的搭建、相关栏目的规划，以及后续原创内容不断输出后的精细化的内容运营等。

2）服务号：以用户属性为主。通过客服系统的搭建、会员体系的搭建、对会员进行用户标签的标注和管理、精准的个性化信息推送、关注后台用户活跃度等来实现营销转化。

3）微信群：以运营属性为主。通过微信群进行用户分层，对社群进行层层筛选，逐步筛选出内容消费用户、核心连接者用户、日常高互动的KOL用户，并进一步进行精细化的运营，实现社群的商业价值。

4）小程序：作用是串联和打通其他的流量。现在，越来越多的商家通过公众号、社群、小程序设计的活动来进行社交裂变，很多传统企业，如线下经销商或者零售店都是通过小程序来进行线上整合和变现的。

5）个人号：通过对核心用户进行日常的单点运营并与核心用户互动，来了解其消费需求，这种针对性营销非常适合中高客单价的产品。

6）朋友圈：以分享属性为主，结合朋友圈广告、微信广告、微信卡券、微信支付的功能，形成商业闭环，最终回流到公众号。

所以，在上述微信的六大私域流量里，订阅号、小程序适合做弱私域强品牌的营销运营，也就是高客单价、低复购率、长决策周期的商品和服务；个人号、微信群、朋友圈适合做强私域强变现的营销运营，比如低客单价、高复购率、决策周期短的实物商品和教育培训类的虚拟产品。尤其是企业微信，相比于微信来说，它拥有更高的安全度和更全面的客户管理功能，可以更好地突出品牌形象和传递品牌价值。微信的私域变现本质上是一种商务社交行为，而企业微信的根本功能就是从微信已有社交中将商务部分剥离并实现用户导流，这是微信在"商务社交＋企业办公"方面的重要布局，所以企业微信极有可能成为未来私域流量运营的大本营。微信和企业微信的部分功能对比见表44-1。

表44-1　微信和企业微信的部分功能对比

功能	微信	企业微信
好友上限	每个号上限5000人	每个成员添加客户上限2万人
客户归属权	归属不明晰，容易流失	归企业所有，如果员工离职，可以将客户转移给其他同事进行服务
管理者能否看到客户数据	不可以	管理者可查看添加客户数、与客户聊天数、客户流失数等
客户群人数上限	人数上限500人	人数上限200人
管理者能否看到群聊数据	不可以	管理者可查看群名、群成员数、群主、创建时间等
群发	发给个人一次最多9人、发给社群一次最多9个群	客户每个自然日最多能接收来自一名成员的一条群发消息，每个自然周最多接收来自同一企业的管理员或业务负责人的一条群发消息
朋友圈	每日展示无限次，展示情况根据好友数等决定	每个自然月可发34次

从运营角度来看，整个微信私域流量池的搭建大致可以分为三步：

1）品牌和个人需要树立用户值得信赖的人设形象。比如通过微信订阅号、朋友圈等发布图文、视频来打造相关的人设形象，服饰品牌打造搭配师、设计师形象，餐饮企业打造美食 KOL 形象，运动品牌打造健身达人形象等。

2）基于能触达的私域流量去做用户的增长裂变。比如通过优质内容获取用户的自发式分享和传播，收获阅读量和关注用户；通过设计海报裂变活动，引导用户分享形成裂变机制，组建更多的微信群；小程序电商则通过拼团、分销等机制，刺激用户转发吸引更多用户等。

3）要加强付费用户的转化、复购和传播。在用户信任和保证产品品质的基础上，通过限时折扣、团购等方式，将用户引导至小程序、电商、线下门店下单转化，同时通过运营活动实现用户的主动转播，形成流量和商业运营的完整闭环。

相比于天猫、京东、抖音、快手等平台，微信私域流量有着高到达率、高曝光率、高接受率、高精准度、高便利性、高灵活度等独特优势。尽管它的不足之处也很明显，比如在对用户的批量运营以及营销传播上设计了诸多限制，造成非正规的第三方群控与营销泛滥，为微信号本身带来了安全隐患。但总体上来说，当前微信私域流量已成为存量时代营销变现的最佳途径，面对这个风口，无论是品牌商还是个人都要把握时机抓紧布局，优化产品运营方案，打好微信私域流量的攻坚战。

45

社区平台：小红书

随着移动互联网以及社交媒体的飞速发展，品牌开始寻求新的广告营销渠道。小红书作为一个基于 UGC 的社交平台，这几年在电商领域迅速崭露头角。

UGC 就是用户生成内容，即用户原创内容。UGC 的概念最早起源于互联网领域，即用户将自己原创的内容通过互联网平台进行展示或者提供给其他用户。它是一种用户使用互联网的新生态，即由原来的以下载为主变成下载和上传并重。所以从本质上讲，小红书实际上是一个分享美食、旅行、购物、美妆、服饰、家居、摄影等生活体验的大型社区，是一个互动式的"种草"平台。

千瓜数据分析显示，小红书的女性用户占比达到90%，其中83%的用户集中在 18~34 岁，在这里面，又有超过50%的用户均来自北上广深等一线城市。这些用户的关注焦点排名前三的分别为时尚（9.98%）、美妆（9.85%）、美食（8.05%）。所以小红书的目标用户主要是一二线城市的年轻、爱美、追求精致生活的 90 后年轻女孩，内容定位则是为这个群体提供时尚、护肤、生活方式上的相关指南。

小红书主要通过三种方式来实现用户引流：通过提供优质的照片和视频内容来吸引用户；通过与淘宝、天猫、京东等电商平台合作来引导用户；通过与一些品牌和公司合作的宣传推广来获取用户。小红书的营销策略有三个方向：

一是利用笔记关键词来增加搜索页，产生现象级推广。平台会与客户进行详细的需求沟通，配合产品促销时间，按照内容方向和产品线进行规划，联合小红书 KOL 持续、周期性地发布客户产品笔记，实现霸占搜索页的效果，制造产品现象级曝光。

二是线下线上同时铺开传播扩散。线下实地参与拍摄，进行视频素材制作，线上客户提供产品、小红书 KOL 图文评测创作。线下线上同时执行放大宣传推广效果，引爆粉丝互动。

三是海外博主晒好物和干货分享。平台上的"红人"和"大 V"会定期分享旅游、机场购物、好物推荐等内容，从客户需求角度切入，深度"种草"，树立品牌口碑。

如今，小红书已经成为国际大品牌和小型企业的重要广告投放渠道，广告收入也呈爆炸式增长。根据小红书 2021 年第一季度财报，该平台的月度活跃用户已经超过 1.1 亿，同比增长超过一倍。这样的爆炸式增长不仅让小红书成为中国最热门的购物平台之一，也提高了其作为广告投放渠道的价值。

除了受欢迎程度高、用户规模迅速扩大以外，小红书独特的 UGC 生态也是其广告收入快速增长的原因之一。小红书的用户以年轻女性为主，热衷于分享自己的消费体验和产品使用经验，并且小红书的 UGC 内容通常具有较高的真实性和可信度，更容易赢得消费者的信任。

相对于其他短视频平台，小红书用户搜索的目的性更强、用户的消费意愿也很强。用户可能不相信商家广告，但是可能会相信熟人推荐。小红书逐渐成为商家们投放广告的必争之地。作为国内流量增长最快的内容电商平台，小红书每日笔记曝光数高达 25 亿次。如此巨大的流量，使小红书在电商平台的角逐中找到了自己的独特优势：

第一，小红书用户之间的黏性高于传统电商，因为小红书专注分享。它让用户能在陌生人面前分享自己的生活，满足自己的分享欲望并获得认同感，同时也能看到陌生人的生活，打造多元化的视野，不受现实生活的限制。这激发用户更积极地分享和观看，形成良性循环。

第二，社区中笔记内容优质，能让用户感知到优质的内容资源，因此，它吸引了大量有购买欲望，但是认知闭合、需求未得到满足的用户，并且用户留存度高，停留时间长。相比百度的搜索页面，小红书的搜索内容多是用户的日常生活分享。与百度机器一样的冰冷的回答风格不同，小红书上的搜索结果更具人性化。

第三，基于前两点打下的基础，小红书最独特的就是"种草"营销，依靠笔记分享和推送机制，通过小红书搜索引擎的软宣传达到推广的目的。其隐性宣传区别于"硬广"，以真实的使用场景来突出产品的优点，会让用户对产品产生好感，轻松达到营销效果。

其中，"种草"营销是 B2K2C 模式的典型代表。可以说，小红书对于品牌营销的核心优势就在于它是一个用户通过在社区的高频互动来发现好品牌和创造消费流行的平台，让品牌通过用户口碑实现快速积累，最终带动其在全渠道的交易规模。小红书的用户消费特征及精准营销合作方式如图 45-1 所示。

小红书的千人千面模式反映在内容权重模型上，有五个特别重要的要素：图片、关键词、卖点口语化、粉丝互动以及在内容与标题植入的高流量词。小红书爆款内容的核心要素就是笔记内容可以给粉丝带来价值。在社群运营上，用户主动生成营销场景，用社交氛围带动销售。包括女性"晒物"刚需形成的口碑效应，"虚拟闺蜜圈"的内容驱动社交，折叠负面消息，以及场景化激发用户购买欲望。在这一过程中，品牌可以有多种形式的植入，如明星/KOL 内容营销、营销/社交靶向目标用户、KOL 直播等，实现目标人群的精准营销。

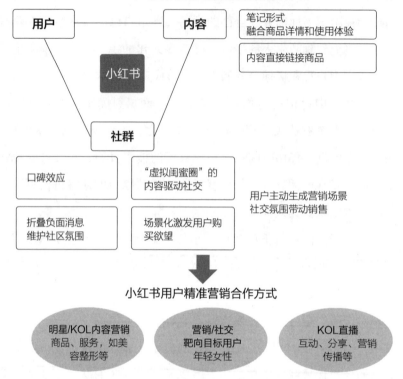

图45-1 小红书的用户消费特征及精准营销合作方式

注：数据来源于中国移动互联网数据库（2018年6月）、移动大数据研究院（2018年7月）。

在小红书"种草"有一个基本模版，即"关注平台热词—提炼产品关键词—对标目标受众关注点—展现产品场景—提出产品可以为用户解决的问题"。例如在完美日记、优衣库和玛丽黛佳共同举办的品牌营销活动上，完美日记首创截断式妆容，优衣库独创的雾霾蓝撞色穿搭，分别从"品牌特质呼应""与流行文化强关联"角度入手，共同打造出了小红书式的潮流文化，包括流行妆容、爆款品牌、网络流行语在内的多个爆款内容。这些品牌在小红书的"种草"，在利用达人去撬动用户的同时，也积极建设了品牌自身配套的营销阵地。由此可见，切中圈层文化聚焦地、拉动年轻人群追随、利用明星效应，是大多数品牌在小红书的营销核心。

"好物盘点"是小红书"种草"营销中的深度板块，其玩法主要是通过博主年度好物推荐盘点，利用博主的影响力深度"种草"。例如美妆领域的某位超人气博主，其所创造的笔记在小红书拥有极高人气，也吸引了众多品牌合作。笔记中的推荐主打平价好物，利用博主的影响力深度"种草"，刺激了用户的购物欲望。近几年，好物推荐盘点越来越受到品牌博主的青睐。一方面，粉丝是为博主的影响力和信任度买单；另一方面，全年度最值得博主推荐的物品，挖掘了底层购物需求，提升转化效果明显。

在未来，作为一个快速发展的社交平台，小红书的广告市场有望继续扩大。新的广告形式比如品牌运营号、直播带货等，将进一步拓宽小红书的广告投放渠道，也将为品牌商带来更多的合作方式。

其他平台：唯品会、苏宁易购

作为一个中高端名牌特卖的新型电商平台，唯品会率先在国内开创了"名牌折扣＋限时抢购＋正品保险"的商业模式，即 Gilt 模式。这是在网络上的一种奢侈品创新营销模式，简单地说：Gilt 模式＝会员制＋折扣＋奢侈品牌。

目前与唯品会合作的品牌已经有 200 多个，其中约一半直接从品牌商进货，另一半从代理商进货。唯品会采取限时销售，一个品牌一年只进行 4～5 次销售，一次销售限时 8～11 天，可以极大地激发用户的购买欲。唯品会还能通过帮品牌商和代理商解决库存难题而从中获取收益。这种销售模式对相关品牌商和代理商回笼资金、提高处理库存的效率，发挥着良性作用，这也是唯品会的合作品牌持续增长的原因。对品牌商来说，在实体卖场销售，首先要付高额的入场费；其次，销售收入从进入卖场收银直至与品牌商结算需要将近三个月时间。而在唯品会销售，只需交付初始 30% 的押金。由于是限时抢购，只需一个月左右的时间就能够完成结算。两者相较，显然是后者更有利。

唯品会的营销策略主要是依靠口碑传播，结合互联网 SNS 模式，除了以资讯、博客、留言板作为用户互动平台，还以积分换取礼品或者抵金券的奖励方式鼓励会员邀请好友注册。这种分红模式将 SNS 与网络平台的集合作用发挥到了极致，同时也降低了唯品会的传播成本。为方便消费者，唯品会还提供了预售品牌提前定制的功能，并且会赠送小礼品与贺卡。

消费者在购买名牌的时候，最关心的三点就是：产品是否为正品、是否便宜、退换货是否顺畅。而作为一个名牌特卖集中营，唯品会有三大独特优势：最优惠的名牌折扣、最有力的名牌保障，以及最健全的在线支付系统，这些优势正好迎合了这些心理诉求。那么，唯品会是怎样做到在名牌低价折扣的同时还能保证正品呢？

首先，唯品会的货源是品牌方。品牌特卖的底层逻辑是直采特卖，能够省去传统销售的中间商环节，直达供应链最上游，把原本中间商赚的差价拿来让利。对品牌方来说，唯品会是一个 B 端渠道，能让它们走量，所以唯品会就拥有了比较强的议价能力：销量大、渠道硬、用户多。此外，品牌方为了进行品牌渗透，也经常给唯品会定制专供独家套装，甚至与唯品会联手开发产品线，这样一来，就更容易把性价比做到极致。

其次，值得一提的是唯品会的买手。唯品会在全球范围有千人级别的专业买手，这些人除了买，还研究市场脉络，利用唯品会自身的数据分析下一季度的热卖品种。因此他们不光能全球"捡漏"，对比全球不同供应商的价格，更能提前锁定爆款，在品牌方还没有预判到商品价值的时候就提前锁定。早期的唯品会采用的是自采模式，就是自己去提前采买、囤货，然后销售。集中采买能压低价格，但是这也会造成资金压力和库存压力，尤其是为了使覆盖的用户更全面，就要提供更多的品牌，因此这给平台带来非常大的采买压力。其他平台遇到这种情况，一般采取的策略就是让商家入驻，让商家借自己的平台来自己操作。而唯品会独树一帜，采用了"以消代采"的新模式，就是和品牌方深度勾连，品牌方提供自己的产品信息和库存，唯品会根据这些信息来售卖，等卖出以后品牌方再送货给唯品会，唯品会配送给客户。这个模式的好处是，在开卖之前，唯品会的库存和资金压力会小很多，并且避免了采购过多带来的不可避免的滞销情况。

但这种模式同样也会带来一些新的问题：唯品会本身是想通过切断中

间商来降低成本，从而保证自己产品的低价，但是在货物从品牌方到唯品会、唯品会再重新打包交付的过程中，唯品会自己又变成了中间商，虽说商品成本不会提高，但是运输成本和时间成本同样存在。鉴于此，唯品会开发了一种新的模式，就是用户下单以后，唯品会把订单信息通过系统推送给品牌方，然后品牌方按照唯品会的要求进行打包送货，这样就减少了二次分拣的成本，把更多的利润让给了用户。

可以看出，不管哪种模式都需要经过三个步骤：用户下单—唯品会系统推送—品牌方打包送货。每个环节其实都需要唯品会和品牌方的共同维系，除了系统数据的共融，还需要长期配合带来的信任度，这些都需要依靠时间来沉淀，这就是唯品会的经营模式很难被其他平台复制的原因。

中国的消费者大多有一个普遍的认知，就是"便宜没好货"。但唯品会通过三重赋能，很好地展现了大牌低价正品的特价模式：首先，唯品会提供的性价比，来源不是压低出厂价，而是通过模式和系统的迭代，把原本中间商赚的钱让渡给消费者；其次，唯品会通过提高品牌方出货能力来压低品牌方预设的出厂价，让品牌方在维护自身利润的基础上，提供更有吸引力的价格，来实现消费者、唯品会、品牌方的三赢；最后，再充分利用互联网时代抹平信息差的特点，通过全球好货筛选来锚定全球最低价的供应商。所以，对于消费者来说，唯品会也具有了三重购物保障：首先，在购买商品的时候不会有隐形的运费险作为支付成本；其次，退货的时候全程采用顺丰物流，在收到退货包裹以后48小时之内就会办理退款，整个退货周期变短；最后，退款完成后会补贴1000个唯品币，1000个唯品币可兑换10元，能用来抵扣下一次下单的费用。

唯品会依靠长期以来着力构筑的精细化会员运营体系，已经拥有了一批忠实、优质的客户群体。2022年，唯品会超级VIP活跃用户数量增至670万，对线上消费的贡献占比提升至41%。特卖业务是唯品会的核心业务，但随着市场的变化，特卖业务的增速可能会逐渐放缓。

苏宁易购于 2009 年 8 月 18 日正式成立，是苏宁电器旗下新一代 B2C 综合网上购物平台，覆盖传统家电、3C 电器、日用百货等品类。传统电器和 3C 家电的营业收入占苏宁主营业务收入的 90% 以上。根据国家统计局数据，2023 年 1 月—3 月社会消费品零售总额累计为 114922 亿元，同比增加 5.8%，但家用电器和音像器材类、通信器材类产品零售总额增长却为负值，分别是 −1.7% 和 −5.1%。但在这样的形势下，苏宁易购的核心家电 3C 业务板块却逆势增长，实现了商品销售总规模同比增长 5.1%，可见苏宁易购在 3C 业务板块的实力。

在传统零售市场整体下沉、互联网技术快速发展的背景下，苏宁易购选择了线上线下结合的经营战略，相对于其他电商平台，苏宁易购有四大优势：

首先是供应链优势。作为中国领先的零售企业之一，苏宁易购在供应链方面一直处于领先地位。苏宁易购拥有完整的产业链布局，通过自建物流和仓储系统，能够实现快速高效的商品配送和库存管理。

其次是场景优势。苏宁易购在多年的发展中，逐渐形成了一套完整的线上线下融合的购物场景，这种场景优势让消费者可以在苏宁易购实现全渠道购物体验。苏宁易购不仅在线上提供全品类的商品，还在线下建立了一系列实体店，覆盖了全国各城市和乡村。

再次是市场优势。随着消费市场的不断升级和竞争的加剧，下沉市场成了各大品牌争夺的焦点。作为一家拥有 13000 家零售云门店的零售企业，苏宁易购在下沉市场具有明显的优势。

最后是服务优势。一直以来，苏宁易购都非常注重用户体验和服务质量，通过完善的售后服务体系，在家电用户心目中拥有了良好的品牌形象。

苏宁易购加入互联网渠道后，盈利模式也随之改变，由单一制转变为混合制。总体来说，苏宁易购的前期战略布局已得到有效验证，接下来，苏宁易购将有望形成规模持续扩大、边际效率同步提升的经营新格局。